BURT FRANKLIN: RESEARCH & SOURCE WORKS SERIES
Philosophy & Religious History Monographs 129

DIE PSYCHOLOGIE

UND

ERKENNTNISSLEHRE

DES

JOHANNES BONAVENTURA

DIE PSYCHOLOGIE

UND

ERKENNTNISSLEHRE

DES

JOHANNES BONAVENTURA

VON

PROF. D[R.] KARL WERNER

BURT FRANKLIN
New York, N. Y.

Aus dem Februarhefte des Jahrganges 1876 der Sitzungsberichte der phil.-hist. Classe der
kais. Akademie der Wissenschaften (LXXXII. Bd., S. 107) besonders abgedruckt.

Published by LENOX HILL Pub. & Dist. Co. (Burt Franklin)
235 East 44th St., New York, N.Y. 10017
Reprinted: 1973
Printed in the U.S.A.

Burt Franklin: Research and Source Works Series
Philosophy and Religious History Monographs 129

Reprinted from the original edition in the University of Illinois at
    Urbana Library

Library of Congress Cataloging in Publication Data

Werner, Karl, 1821-1888.
    Die Psychologie und Erkenntnisslehre des Johannes Bonaventura.

    Reprint of the 1876 ed. published in Vienna, In Commission bei K. Gerold.
    "Aus dem Februarhefte des Jahrganges 1876 der Sitzungsberichte der Phil.-
Hist. Classe der Kais. Akademie der Wissenschaften (LXXXII. Bd., S. 107)
besonders abgedruckt."
    1. Banaventura, Saint, Cardinal, 1221-1274. I. Title.
B765.B74W46 1973   189'.4   70-122239
ISBN 0-8337-3739-2

Johannes Bonaventura war ein Zeitgenosse und Freund des heil. Thomas Aquinas, dessen Todesjahr auch jenes des nur um sechs Jahre älteren Bonaventura ist. Beide sind charakteristische Repräsentanten der beiden dazumal neuentstandenen religiösen Ordensgesellschaften, welchen sie, der eine Franciscaner, der andere Dominicaner, angehörten, und deren vornehmste Zierden eben sie beide geworden sind. Ihre innige persönliche Wechselbezogenheit wird in Dante's Divina Commedia[1] gefeiert, der im eilften Gesange des Paradiso Thomas Aquinas das Lob des Stifters des Franciscanerordens, im nächstfolgenden Gesange Bonaventura den Preis des Gründers des Dominicanerordens verkünden lässt. Die beiden einander befreundeten Männer waren fast gleichzeitig Lehrer an der Pariser Universität, und vertraten daselbst auch jeder die von ihren Vorgängern Alexander Halesius und Albertus Magnus angebahnten eigenthümlichen Lehrrichtungen ihrer beiderseitigen Genossenschaften.

Wir haben bereits in dem Ueberblicke, welchen wir über den Entwicklungsgang der mittelalterlichen Psychologie von Alcuin bis auf Albertus Magnus herab gaben,[2] auf die Keime

---

[1] Parad. Canto XI e XII.

[2] Denkschriften der philos.-hist. Classe, Bd. XXV.

differenter Lehrrichtungen hingewiesen, welche sich in der Vergleichung der psychologischen Anschauungen Alexanders und Alberts, der beiderseitigen ersten wissenschaftlichen Repräsentanten der zwei neuentstandenen Ordensgenossenschaften vorwiesen. Wir führten die Ursache jener Differenzen darauf zurück, dass Alexander trotz seiner Anbequemung an die in Aufnahme gekommene scholastisch-aristotelische Lehrweise doch nach seiner ganzen Denkweise zum guten Theile noch innerhalb des Kreises jener Anschauungen steht, die von den Mystikern und Platonikern des zwölften Jahrhunderts vertreten waren, während Albert bereits sehr eifrig in das Studium der aristotelischen Philosophie nach ihrem Gesammtumfange sich vertiefte, und demzufolge auch schon entschieden auf Art und Ton der neuen Lehrweise einging. In einem ähnlichen Verhältniss erblicken wir Bonaventura dem Thomas Aquinas gegenüber; während letzterer in umfänglichen Arbeiten an die vollkommene Durchbildung der neuen Lehrweise geht, beschränkt sich Bonaventura auf eine Commentirung der Sentenzen des Petrus Lombardus, in welcher er den bereits von Alexander Halesius geschaffenen scholastischen Apparat eher reducirt als erweitert und vermehrt; daher denn auch die psychologischen Lehrabschnitte seines Commentars zum Lombarden kürzer gefasst sind, und auf die mancherlei üblich gewordenen scholastischen Fragen und Distinctionen sich weniger einlassen, als die entsprechenden Abschnitte in Alexanders Summa. Bonaventura's Lehrdarstellung der Psychologie muss durch seine anderweitigen, ins Gebiet der Mystik einschlagenden Schriften ergänzt werden, welche sich verwandten Schriften des zwölften Jahrhunderts anschliessen.

Eine einlässliche und zusammenhängende Darstellung der Psychologie Bonaventura's ist nicht nur geeignet, den inneren Seelenmenschen, der in ihm lebte, und den Gesammtinhalt seines Denkens und Fühlens zu erschliessen, sondern bietet auch einen nicht unwesentlichen Beitrag zu einer detaillirteren Kenntniss der Geschichte der mittelalterlichen Psychologie, ihrer geistigen Hinterlagen und der differenten Richtungen, die in ihr sich aufgeschlossen haben. Damit aber eine solche Darstellung einen Gewinn an historischer Kenntniss eintrage, ist es weiter auch nothwendig, die psychologischen Anschauungen

Bonaventura's sowol mit jenen der zeitgenössischen Scholastik, als auch mit den ihm gesinnungsverwandten Lehrdarlegungen des zwölften Jahrhunderts zu vergleichen, und endlich noch die Stellung, die er zu den berühmteren Lehrern innerhalb seines eigenen Ordens im damaligen Jahrhundert einnimmt, zu beleuchten.

Die psychologische Forschung Bonaventuras nimmt, unter Voraussetzung der gemeingültigen scholastischen Bestimmungen über die Seele als subsistente Form des menschlichen Leibes, [1] ihren Ausgang vom gottesbildlichen Wesen des Menschen. [2] Der Mensch ist ein gottesbildliches Wesen zufolge der unmittelbaren Bezogenheit seines Wesens auf Gott und zufolge der Nachbildung des dreieinen göttlichen Wesens in der Anlage und Organisation des inneren Seelenmenschen. Der Mensch hat den Charakter der Gottesbildlichkeit mit den reinen Geistern gemein, und ist ihnen hiedurch im Wesentlichen gleichgestellt. Die relativen Unterschiede, die in Bezug auf diesen Charakter zwischen Mensch und Engel statthaben, gleichen sich durch das wechselseitig statthabende Mehr und Minder gegenseitig aus. Der Engel ist als reiner Geist gottähnlicher als der Mensch, dessen gottesbildliches Wesen aber in Folge der Verbindung der menschlichen Seele mit einem ihr eignenden Leibe sich in einer für den Engel nicht möglichen Weise zu bethätigen vermag. [3] Der reine Geist ist in Bezug auf sein Machtvermögen höher gestellt als der Mensch, der bloss über die vernunftlosen Wesen gebietet, während die Engel nicht nur über diese gebieten, sondern auch den Menschen als Leiter bestellt sind; anderseits aber ist der Mensch dadurch vor dem Engel ausgezeichnet, dass, wie Gott der höchste Zweck der sichtbaren Wirklichkeit, so er der nächste Zweck derselben

---

[1] Dieselben finden sich in Kürze entwickelt in Bonaventura's Breviloquium Lib. II, c. 9.

[2] Sentt. Lib. II, dist. 16.

[3] Anima est imago expressior, quae in hoc, quod conjungitur corpori, ita quod per illum est principium aliorum, et per illud totum inhabitat, magis repraesentat Deum, qui est principium omnium, et qui est unus in omnibus. Sentt. dist. 16, art. 2, qu. 1.

ist, während eine derartige specielle teleologische Beziehung
der sichtbaren Welt auf die reinen Geister nicht besteht.

Dieser Ausgangspunkt der anthropologischen und psychologischen Speculation Bonaventura's wirft bereits ein charak-
teristisches Licht auf die kosmische Gesammtanschauung, auf
deren Grunde jene steht, und enthält auch die letzten allgemeinen Erklärungsgründe der eigenartigen Beschaffenheit der
psychologischen Mystik, die sich in Bonaventura's Denken und
innerem Leben aus jenen allgemeinen Grundanschauungen her-
vorbildete. Beachten wir die Art und Weise, in welcher er zu
zeigen sucht, dass der Mensch den gottesbildlichen Charakter
der rationalen Creatur beziehungsweise ausdrucksvoller als der
dem Menschen übergeordnete reine Geist darstelle. Die von
ihm angegebenen Gründe [1] sind dieselben, die auch bei Alexander Halesius [2] und Albertus Magnus [3] sich finden: Die
menschliche Seele ist mit einem Körper vereiniget, dessen
mikrokosmisches Gebilde zu ihr in einem analogen Verhältniss,
wie der Makrokosmos zu der ihn beherrschenden und erfüllen-
den ewigen Gottheit steht; der Mensch ist ferner zufolge seiner
Zeugungsfähigkeit schöpferisches Gattungsprincip, und damit
auf eine specifische Weise Gott als schöpferischer Allursache
ähnlich. Es liegt auf der Hand, dass hier in die angenommene
Gottesbildlichkeit des Menschen eine Bestimmung aufgenommen
ist, die sich auf etwas von der Rationalität des Menschen
Verschiedenes bezieht, indem der Mensch nicht vermöge seiner
Intellectualität, sondern als animalisches Wesen zeugungsfähig
ist; und doch soll der Charakter der Gottesbildlichkeit in der
rationalen Natur des Menschen begründet sein. Es liegt also
im Begriffe der menschlichen Gottesbildlichkeit, wie ihn die
mittelalterliche Scholastik durchgängig fasst, offenbar eine un-
klare Fusion differenter Bestimmungen vor, die auf die Nicht-
unterscheidung des Charakters der Ebenbildlichkeit von jenem
der Gegenbildlichkeit zurückzuführen ist. Das mit der Weihe
einer Stellvertretung göttlicher Auctorität umkleidete mensch-

---

[1] Siehe vor. Anm.

[2] Summ. Pars II, qu. 62, mbr. 4, art. 2.

[3] Summ. de creatur. II, qu. 81, art. 2.

liche Vaterschaftsverhältniss hat allerdings einen gottesbildlichen Charakter, aber nur darum und insoweit, als das Natur-
verhältniss zwischen Zeugenden und Gezeugtem in den Bereich
einer höheren Ordnung emporgehoben ist, welcher die Men-
schenehe von vorneherein angehört; diese Angehörigkeit beweist
aber die Eigenartigkeit des Menschen als eines vom blossen
Sinnenwesen so wie vom reinen Geistwesen specifisch verschiedenen Dritten, für welchen deshalb auch ein, sein Wesen
vom jenen der reinen Geistwesen und der blossen Naturwesen
unterscheidender Charakter ausgemittelt werden muss, der nicht
in der Gottesbildlichkeit als Gottebenbildlichkeit gelegen sein
kann, sondern vielmehr in der Vereinigung des Gottebenbildlichen mit etwas davon Differirendem, in Kraft dessen er das
göttliche Thun und Schaffen durch Begründung von Verhältnissen, deren Eingehen ausser dem Bereiche und Vermögen
reiner Geistwesen liegt, nachbilden kann. Der Mensch ist
eine concret-lebendige Ineinsbildung von Geistigem und Natürlichem, und als solche der centrale Antityp des göttlichen
Wesens; die specifische Eigenart seines Wesens ist, dass er
in den Bereich des Niedersten hineingestellt, demselben das
Höchste eingeisten und einbilden, und damit im Bereiche des
Kosmos eine Centralsphäre schaffen soll, in welcher durch ihn
und in ihm das Unterste zum Obersten emporgehoben, und
damit die Schöpfung selbst in Gott vollendet werden soll. Die
mittelalterliche Mystik ist eine edelste Blüthe des mittelalterlichen Geistlebens; sie erfasste aber nicht die Idee des Menschen als weltmächtigen Wesens, und musste sonach, soweit
sie nicht in pantheisirende Neigungen überschlug, auf die Aufzeigung und Beschreibung der Wege und Stufen der sittlichen
Vollendung des Menschen in Gott sich beschränken. Sie bildete
hiemit die Kehrseite der mittelalterlichen Scholastik, die den
menschlichen Verstand auf die Erkenntniss der gottgedachten
Ordnung der natürlichen Dinge beschränkt, zum Gedanken
aber einer durchgeistenden Umbildung derselben in Kraft der
dem Menschen immanenten Ideen höchster, absoluter Vollendung noch nicht erweckt war. Sie hatte ein im Lichte des
christlichen Gottesgedankens gereinigtes natürliches Welt-
bewusstsein, aber es fehlte ihr der lebendige Trieb einer
geschichtsphilosophischen Idee vom Menschen, deren Aus-

führung den Unterbau für eine künftige wissensmächtige Darstellung der christlichen Theologie abzugeben haben wird.

Die mittelalterliche Scholastik blieb bei der Auseinanderhaltung einer natürlichen und übernatürlichen Ordnung stehen, ohne dass sie dazu gekommen wäre, den Gegensatz beider mit dem davon zu unterscheidenden Gegensatze zwischen Idee und Wirklichkeit zu combiniren. Mit ihrem Denken auf beiden Gebieten, auf jenem der natürlichen und übernatürlichen Ordnung in die gegenständliche Wirklichkeit versenkt, kannte sie noch nicht die eigenartige Natur eines Erkennens aus Ideen als Erfassungen des aus dem inneren Wesen und Grunde der Dinge geschöpften Verständnisses derselben, liess vielmehr Idee und Begriff in Eins zusammenfallen; und da die Begriffe der Dinge aus den auf dem Wege des Erfahrungsdenkens gewonnenen Erkenntnisselementen sich zusammensetzen, so wurde die im Begriffe immerhin latent enthaltene Idealerkenntniss des Dinges vom Erfahrungsdenken niedergehalten. Daher in Dingen, die kein Gegenstand natürlicher Erfahrung sind, und auch nicht durch Schlussfolgerungen aus den Daten des erfahrungsmässigen Wissens gewonnen werden können, an die Stelle des aus der Erfahrung abstrahirten Wissens einfach der Glaube zu treten hatte, der sich in den seinem Gebiete angehörigen Objecten mit einem analogischen Erkennen und gleichnissweiser Verdeutlichung des Geglaubten zu begnügen hat. So richtig es nun immerhin ist, die niedere Ordnung der höheren, die natürliche der übernatürlichen unterzuordnen, und für jede derselben ein eigenartiges Erkennen, für die natürliche das Wissen, für die übernatürliche das Glauben zu beanspruchen, so darf doch nicht übersehen werden, dass beide Ordnungen ein untheilbares Ganzes bilden, und dass der Mensch seinem Wesen nach beiden zugleich angehört, und dass es demzufolge auch ein Erkennen des auf sich selbst sich besinnenden Menschen geben muss, welches weder blosses Glauben, noch aus natürlicher Erfahrung sich begründendes Vernunftwissen, sondern eine von beiden Arten des Erkennens verschiedene dritte Art des Erkennens ist, das zu jenen beiden hinzutretend, beide von einander geschiedenen Gebiete der natürlichen und gläubigen Erfahrung gleichmässig umfasst, und ein aus dem Selbstgedanken des Menschen geschöpftes Erkennen sein muss. Ein solches Erkennen muss möglich sein, wenn es wahr ist, dass der Mensch, wie Bonaventura sagt, ein beziehungsweise ausdrucksvolleres Gottesbild (expressior imago) als der Engel sei. Für diesen Fall aber darf das Verhältniss der menschlichen Seele zu dem ihr eignenden Leibe nicht bloss als Verhältniss der creatura rationalis ad aliquid extrinsecum gefasst werden, wie es von Seite Bonaventura's geschieht, weil damit dem specifischen Wesenscharakter des Menschen als lebendiger Ineinsbildung beider Arten und Ordnungen der kosmischen Wirklichkeit, der sinnlichen und übersinnlichen, geistigen und natürlichen nicht Genüge geschieht, und die expressior imago als eine bloss ratione ejus quod adjacet, wie Bonaventura sich ausdrückt, [1] erkannte erscheint. Aus dem bisher Bemerkten wird sich auch erklären, wie er dahin kommt, den Unterschied zwischen Imago und Similitudo oder anerschaffener und actuell verwirklichter Gottesbildlichkeit derart zu bestimmen, [2] dass erstere im geistigen Erkennen, letztere aber in der affectiven Potenz, d. h. in der lebendigen Gemüthskraft, ihren vornehmlichen Ausdruck findet. [3] Denn damit ist doch wol nur dies insinuirt, dass das selbstmächtige Erkennen des Menschen auf den Bereich der natürlichen Ordnung oder des auf natürlichem Wege Erkennbaren beschränkt sei, während der Unterschied beider Erkenntnisse, der natürlichen und gläubigen, vornehmlich und primär doch in dem unterschiedlichen Verhältniss der ihnen entsprechenden Wirklichkeiten zum Standort unseres zeitlichen Erkennens begründet ist. Uebrigens steht Bonaventura mit jener Verhältnissbestimmung zwischen Imago und Similitudo ganz innerhalb des Bereiches der Theologie seines Ordens; auch Alexander Halesius [4] entscheidet sich für den Satz: Imago in cognitione, similitudo in

---

[1] Sentt. II, dist. 16, qu. 2.

[2] Sentt. II, dist. 16, qu. 3.

[3] In imagine creationis duae sunt potentiae ex parte cognitivae scil. memoria et intelligentia, et una ex parte affectivae, scil. voluntas. E contra vero in imagine recreationis, quae consistit in gratia, duae virtutes sunt ex parte affectivae: scil. spes et charitas, et una ex parte cognitivae, scil. Fides. L. c.

[4] Summ. II, qu. 62, mbr. 5, art. 4.

dilectione, welcher der Mystik des zwölften Jahrhunderts angehört, [1] und auch von Hugo a St. Victore ausgesprochen wird. [2]

Der Theologie seines Ordens bleibt Bonaventura ferner
auch getreu, wenn er im Gegensatze zu der von Albertus
Magnus und Thomas Aquinas vertretenen Lehranschauung die
Zusammensetzung der menschlichen Seele aus Materie und
Form vertheidigt; [3] nur ist die seelische Materie eine andere,
als jene der Körper, nämlich unausgedehnt, incorruptibel und
absque privatione, d. h. nicht der begränzenden Determinirtheit,
der körperlichen Materie unterworfen. Eine solche geistige
Materie der Seele anzunehmen, sei nothwendig, um das Thun
und Leiden, Bewegen und Bewegtwerden, also überhaupt die
Mutabilität der menschlichen Seele zu erklären; zugleich werde
damit die Substantialität der menschlichen Seele erhärtet in
deren Unterschiede von der Thierseele, welche bloss am Stoffe
haftende Form sei. In der Begründung der Nothwendigkeit
der Annahme einer Zusammengesetztheit der menschlichen
Seelen (und der geschaffenen Geister insgemein) aus Materie
und Form [4] präludirt Bonaventura gewissermassen der Ontologie des Duns Scotus, [5] welche auf die Einheit der Urmaterie
alles Geschaffenen gebaut ist. Wie Duns Scotus, nimmt auch
Bonaventura eine dreifache Stufe der Materialität und der
hiedurch bedingten Stufe des geschöpflichen Seins an. Die
unterste Stufe der Materialität ist jene, welche durch die der
Generation und Corruption unterstellten Körper der irdischen
Sinnenwelt repräsentirt ist. Die nächst höhere Stufe ist durch
die, zwar nicht der Generation und Corruption, aber doch
noch der Bewegung im Raume unterworfenen Himmelskörper

---

[1] Vgl. die pseudo-augustinische Schrift de Spiritu et anima c. 39.

[2] Scito anima, quod, quidquid diligis, ipsa vi dilectionis in ejus similitudi-
nem transformaris. Hugo (de arrha animae).

[3] Sentt. II, dist. 17, qu. 2. — Vgl. Alex. Hales. Summ. II, qu. 61, mbr. 1.

[4] Sentt. II, dist. 3, qu. 2.

[5] Duns Scotus geht allerdings noch um einen Schritt weiter als Bonaventura. Dieser sagt (Sentt. II, dist. 3, qu. 3): Quia materia est ens in
potentia, unitas ejus non potest esse unitas individuationis . . . . . sed
si habet unitatem, habet unitatem homogeneitatis. Duns Scotus aber
weist ihr mit einer existentia propria auch eine unitas propria positiva zu.

dargestellt. Bei den geistigen Substanzen fallen zwar die Bestimmtheiten der Materialität jener beiden Stufen hinweg, wird jedoch noch immer die Materie als Substrat der Wesensform und als Möglichkeitsgrund eines wesenhaften Seins gefordert, und dies ist die Materie im generellsten Sinne und die Möglichkeitsbedingung alles geschaffenen Seins, die darum von Duns Scotus materia prima genannt wird. Aus dieser wird die materia secundo-prima durch Hinzutritt jener eingränzenden Determinationen, die das geschöpfliche Sein zum körperlichen Sein machen — aus der materia secundo-prima die materia tertio-prima durch Hinzutritt jener weiteren Determinationen, durch welche die irdische Körperlichkeit von der himmlischen unterschieden ist. Ihrem metaphysischen Denkgehalte nach ist diese Anschauungsweise offenbar neuplatonisch, und es wäre hiemit der allgemeine philosophische Denkhintergrund der psychologischen Mystik Bonaventura's aufgewiesen.

Es fragt sich weiter nur, wie diese Stoffeinheit alles Geschaffenen mit der Vielheit der persönlich unterschiedenen geistigen Existenzen sich vereinbaren lasse. Für Albert und Thomas, welche die Immaterialität der Engel und Menschenseelen behaupteten, war kein Anlass zu einer derartigen Frage vorhanden; wol aber für Bonaventura, der auch darüber Aufschluss schuldig war, wie er sich auf Grund seiner Ansicht von der materia prima den Hergang der Weltgestaltung denke, welcher ja, wie man meinen sollte, ordnungsgemäss dem regelrechten Gange der logischen Determinationen des Gedankens der materia prima zu entsprechen hätte. Bonaventura kann selbst nicht umhin zu gestehen, [1] dass er sich den Hergang der Schöpfung am liebsten nach der von Augustinus in seiner spirituellen Auslegung der Mosaischen Genesis befolgten Weise vorstellen würde, wenn er sich nicht durch das Gewicht der weitaus überwiegenden Mehrzahl der Aŭctoritäten auf die entgegengesetzte Seite hinübergezogen fühlte. Offenbar lag es seinem Denken näher, sich die Aufeinanderfolge des Geschaffenen in dieser Ordnung zu denken: Engel, Menschenseelen, Körperwelt; und um diese rationelle Ordnung mit der biblischen Darstellung des Schöpfungsherganges in Einklang

---

[1] Sentt. II, dist. 12, art. 1, qu. 2.

2*

zu bringen, hätte es angemessen geschienen, mit Augustinus
(unter Beziehung auf Sir. 18, 1) die schöpferische Hervorbringung
der genannten drei ontologisch abgestuften Hauptkategorien der
geschaffenen Wesenheiten als Simultanact vorzustellen. Wenn
er sich nun dazu verstand, eine Mehrheit von Schöpfungszeiten
anzunehmen, und damit auch die Entstehung der Menschenseelen auf jene der Körperdinge folgen zu lassen, so unterliess
er doch, sich klar zu machen, dass die von ihm gehegte Ansicht über die materia prima und deren successive Determination, wenn derselben der wirkliche Hergang in Gestaltung der
materia prima entsprechen sollte, auf eine Präexistenz der
Seelen führen müsste, wie sie Origenes in der That annahm,
und durch seinen platonischen Denkhabitus ganz naturgemäss
darauf geführt wurde. Nach Bonaventura ist eine solche Annahme freilich ein Verstoss gegen die Fides catholica; [1] er
gibt aber zu, dass Augustinus [2] wenigstens in Bezug auf die
Seele des erstgeschaffenen Menschen gezweifelt habe, ob ihr
nicht eine der Körperwelt vorausgehende Entstehung zuzuerkennen sei, und verwirft diese Ansicht nicht geradezu, obschon
er sie für minder wahrscheinlich hält. Wenn er nunmehr aber
weiter auch dafür, dass die menschliche Seele aus keinem
vorausvorhandenen Stoffe gebildet werden könne, sich auf
Augustinus beruft, der ausführlich gezeigt habe, dass ein solcher
Seelenstoff weder als geistiger noch als körperlicher gedacht
werden könne, also überhaupt undenkbar sei, so muss doch
wol gefragt werden, ob nicht auch die völlig unbestimmte
materia prima, die Bonaventura das Substrat der geistigen und
körperlichen Existenzen ist, wenigstens theilweise unter die
Kategorie des von Augustinus als unmöglich Gedachten falle.
Jedenfalls ist dieses angebliche Substrat zunächst nur eine
blosse Denksupposition, mittelst welcher der Unterschied des
geschöpflichen Seins vom göttlichen festgehalten und die passive
Bestimmbarkeit der geschöpflichen Existenzen im Gegensatz
zur absoluten Spontaneität und Leidenlosigkeit der göttlichen
Wesenheit erklärt werden soll. Wenn nun aber dasjenige,
was die geschaffenen Existenzen bestimmbar und leidensfähig

---

[1] Sentt. II, dist. 18, art. 2, qu. 2.
[2] Gen. ad lit. VII, 24.

macht, von ihrem Sein gar nicht abgetrennt werden kann, ohne dieses selber aufzuheben, so ist die materia prima doch wol nur eine-Denkabstraction, in welcher eine im Denken erfasste Grundbestimmtheit des geschaffenen Seins als etwas an sich Seiendes festgehalten wird. Bei Bonaventura schlägt dieser Erklärungsgrund der Passibilität des Dinges in den Gedanken dessen um, was dem Dinge die stabilitas per se existendi verleiht; [1] dies ist jedoch nach unserem Begriffe der Schöpferwille als perennirende actuose Causalität. Soll aber unter der Stabilitas per se existendi die Substantialität des concreten Seins verstanden werden, so erscheint der Begriff der Materialität in jenen der Wesenhaftigkeit umgebildet, woraus die unabweisliche Consequenz resultiren würde, Gott, der seinem Begriffe nach der Urwesentliche ist, als die causa materialis alles Seienden denken zu müssen. Es war also sicherlich ein richtiges Gefühl, welches einen Albert und Thomas Aquinas in der Ablehnung der Annahme einer indifferenten Urmaterie alles Geschaffenen leitete. Wenn aber dieselbe nur die Bedeutung einer Denkabstraction haben soll, deren man sich bedient, um den Begriff des aussergöttlichen Seins zu verdeutlichen, so ist eben damit zugleich gesagt, dass sie ein blosser Denkbehelf sei, mittelst dessen eine noch nicht aus dem Geistgedanken des geschaffenen Dinges deducirte Qualität desselben vorläufig festgehalten werden will, bis es gelingt, des Geistgedankens des Dinges selber sich zu bemächtigen. Dieser Geistgedanke möchte kein anderer sein als der, dass das geschaffene Sein sich selber ein gegebenes sei, sei es, dass es sich in diesem seinem Gegebensein wirklich erfasse, oder dass es zu einem solchen Erfassen seiner selbst nicht vordringe. Das in seiner Gegebenheit sich erfassende, d. h. geistige Sein bekundet durch diese seine Selbsterfassung, dass es selbstiges sei; mit dem Gedanken eines selbstigen Seins verträgt sich nicht die Vorstellung einer Entsonderung desselben aus einem allgemeinen Grunde, mag dieser als Gott oder als materia communis der Menschenseelen gedacht werden, die aus der antiken Philosophie entlehnten Anschauungs- und Behandlungsweisen ontologisch-metaphysischer Probleme erweisen sich als nicht

---

[1] Sentt. II, dist. 3, art. 1, qu. 2.

zureichend zur Realerklärung der wesenhaften Beschaffenheit der concreten geschöpflichen Geistexistenz. Man kann daher auch nicht sagen, dass es Bonaventura in besonderem Masse gelungen wäre, die Selbstigkeit der einzelnen Menschenseelen gegen die von Averroes behauptete reale Einheit derselben zu erweisen.[1] Allerdings weist er ganz richtig darauf hin, dass die Beschaffenheit, die der innere Seelenmensch sich selber durch den selbstthätigen Gebrauch seines freien Willens gibt, sein Selbstsein beweise; aber es fehlt eben der tiefer gefasste Begriff dieses geistigen Selbst und die metaphysische Begründung dieses Begriffes, die man überhaupt nicht in der Philosophie jenes Zeitalters suchen darf. Er sagt, die intellective Seele mache den Menschen zum Menschen, wie die sensible Seele das Thier zum Thiere mache; wie nun das Thier als Individuum von jedem anderen Thiere seiner Art unterschieden sei, müsste es auch der Mensch von jedem andern Menschen sein. Daraus folgt indess doch nur ein Unterschied der Menschen als Individuen, wodurch aber noch nicht ausgeschlossen wäre, dass, wie alle Thiere Individuirungen einer gemeinsamen Natursubstanz, so alle Menschenseelen Individuirungen einer allgemeinen Seelensubstanz wären.

Die Unzureichendheit der ontologischen Begründung der Selbstigkeit der menschlichen Seele zeigt sich in der Beweisführung für die Unsterblichkeit der Seele. Duns Scotus behauptet offen, dass die Seelenunsterblichkeit auf dem Wege der philosophischen Beweisführung nur wahrscheinlich gemacht werden könne, die vollkommene Gewissheit jedoch nur auf dem Standpunkte des christlichen Glaubens gegeben sei. Bonaventura gibt seinerseits wol keinem philosophischen Skepticismus Raum, deutet aber dessungeachtet an,[2] dass die im Lichte der christlichen Erkenntniss verbürgte Bestimmung der Seele zur seligen Vereinigung mit Gott der primäre Grund seiner Ueberzeugtheit von der Seelenunsterblichkeit sei. Dieser Verbürgung entspricht nun allerdings auch von Seite der Seele ein tiefinnerstes Verlangen nach Seligkeit, woraus denknoth-

---

[1] Sentt. II, dist. 18, art. 2, qu. 1.

[2] Sentt. II, dist. 19, art. 1, qu. 1.

wendig zu schliessen ist, dass sie zu einem unverlierbaren seligen Sein geschaffen, also ihrer Natur nach unsterblich sei. Die Seele muss ihrer Natur nach unsterblich sein, da sie nach Gottes Bild und Gleichniss geschaffen ist, demzufolge auch sich ihrem Urbild wahrhaft und vollkommen verähnlichen können muss, was nicht möglich wäre, wenn ihrem Sein durch ihre Sterblichkeit ein Ziel gesetzt wäre. Man könnte allerdings die Frage aufwerfen, ob nicht das Gelangen der Seele zu Gott ein Untergehen derselben in Gott involvire oder doch wenigstens als denkbar erscheinen lasse. Der Möglichkeit eines solchen Einwandes begegnet Bonaventura durch den Hinweis auf die Zusammensetzung der Seele aus Materie und Form. Vermöge dieser Zusammensetzung muss sie sich, so scheint es, als ein von Gott unterschiedenes Sein behaupten können, und behauptet sich um so sicherer in der Dauer ihres Seins, weil die Materie die ihr geeinigte gottesbildliche Form, die als solche die edelste und höchste aller Wesensformen ist, gar nicht lassen kann und nicht lassen will. Man darf sich nicht wundern, wenn ein Duns Scotus eine derartige Argumentation nicht für eine stringente philosophische Beweisführung gelten zu lassen gewillt ist; denn bei der Grundannahme einer Zusammensetzung der Seele aus Materie und Form ist die Auflöslichkeit der Seele bereits im Princip als metaphysisch denkbar zugegeben, jene Annahme selber aber die Constatirung eines der Geistigkeit des zu erweisenden Objectes nicht adäquaten Denkstandpunktes. Uebrigens sind die angeführten Beweise für die Seelenunsterblichkeit nicht die einzigen, welche Bonaventura beibringt, und es ist unter von ihm beigebrachten mehr als einer, welcher sich als innerlich wahr und vom Standpunkte des gemeinmenschlichen Denkens einleuchtend bekundet; aber einen absoluten, aus der Idee des menschlichen Seelenwesens geschöpften Grund, der durch sich allein die zu beweisende Wahrheit zu erhärten geeignet wäre, weist er nicht auf, und kann ihn nicht aufweisen, weil er von vorne herein die philosophische Erforschung des Seelenwesens in ein secundäres Verhältniss zu der für ihn als Hauptsache geltenden Bestimmung der Seele als gottesbildlichen Wesens setzt. Völlig werthlos sind Argumente, wie jenes, dass wie die materia prima incorruptibel ist, so auch die höchste geschöpfliche Form incorruptibel sein müsse, oder dass den incorrup-

tiblen Himmelskörpern auch incorruptible Geistwesen entsprechen müssen. Das letztere Argument konnte doch wol nur
als Congruitätsgrund für die Unsterblichkeit der geistigen
Himmelswesen geltend gemacht werden; das erstere wäre nach
seinem richtigen Sinne auf den antiken Dualismus zwischen
Νοῦς und ῾Υλη als den beiden letzten ewigen Principien des
kosmischen Seins zurückzuführen, und könnte demnach auch
nur für ein in die antike Lebenswelt versenktes Denken Wahrheit haben, die aber dann das directeste Gegentheil dessen,
was Bonaventura als christlicher Denker dachte und glaubte,
besagen würde.

Bonaventura geht auf sogenannte scholastische Fragen
nicht weiter ein, als es ihm unumgänglich nothwendig dünkt.
So kann er denn auch eine Entscheidung über die Frage, wie
das Verhältniss der Seelenkräfte und Seelenvermögen zum
Wesen oder zur Substanz der Seele zu fassen sei, nicht geradezu
ablehnen, verweilt aber bei dieser Erörterung nicht länger, als
es durch die Umstände nahe gelegt ist, [1] und bemüht sich im
Streite und Gegensatze der Meinungen eine gemässigte Mitte
einzuhalten. Er entscheidet sich dafür, dass die Potenzen der
Seele nicht schlechthin mit dem Wesen der Seele selber zu
identificiren, sondern wie unter einander, so auch vom Wesen
der Seele als deren Instrumente zu unterscheiden seien. [2] Er
verwirft sonach den von den Platonikern des zwölften Jahr-

---

[1] Dicendum — heisst es Sentt. II, dist. 24, ps. 1, art. 2, qu. 2 — quod
etsi praedicta quaestio plus contineat curiositatis quam utilitatis, propter
hoc, quod sive una pars teneatur sive altera, nullum praejudicium nec
fidei nec moribus generatur, verumtamen, quia Sancti et alii qui tractant
de potentiis animae, plurimum loquuntur de potentiarum distinctione, et
quia etiam plurium quaestionum determinatio pendet ex praedicta quae-
stionis determinatione, ideo determinationi isti aliquantulum diligenter
oportet insistere.

[2] Diese Auffassungsweise ist aus Richard von St. Victor entlehnt,
dessen Einfluss auf Bonaventura weiter unten ausführlicher zur Sprache
kommen wird. Cum ratio vel voluntas vel intellectus nominatur — sagt
Richard — aliquando instrumentum, aliquando ejus actio intelligitur. Et
scimus quidem, quia instrumentum quam ejus actio semper prius est, et
sine ipsa esse potest. Habet ergo ab instrumento actio esse, non instrumentum ab actione. Unde nec inconveniens est, per instrumentum ma-
trem, per actionem autem filium intelligere. Benjamin Minor, c. 17.

hunderts ausgesprochenen Satz, dass die Seele suae vires sei; eben so wenig aber ist er damit einverstanden, dass die Potenzen der Seele der Substanz der Seele als accidentale Proprietäten inhäriren; sie gehören vielmehr wirklich zur Essenz der Seele, ohne diese selber zu sein. So richtig diese Bemerkungen immerhin sind, so bedauerlich ist andererseits die Aeusserlichkeit des Denkens, welches die grundwesentlichen Thätigkeitsäusserungen der Seele: Denken und Wollen, Erkennen und Streben zu Instrumenten der Seele herabsetzt, als ob nicht die Seele ihrem Wesen nach thätig, und zwar wesentlich denkhaftes Thätigkeits- und Strebeprincip wäre. Als solches ist sie bewusst und unbewusst bestrebt, alles Andere ausser ihr und unter ihr sich selber zu assimiliren, unbewusst zunächst den eigenen Leib, bewusst und unbewusst die sie umgebende äussere Weltwirklichkeit; sich selber aber soll und will sie, sofern sie den sie umdrängenden Trübungen ihrer irdischen Daseinssphäre sich entringend den Gedanken ihres Selbst lebendig erfasst hat, ihrem göttlichen Urbilde assimiliren. Wir werden später sehen, dass dem Mystiker Bonaventura diese Auffassung des Seelenwesens durchaus nicht fremd war; das Mangelhafte und Unzureichende in der Ausführung derselben werden wir zum grössten Theile auf Rechnung der unzureichenden Unterlage, die ihm durch die scholastische Bildung seines Zeitalters geboten war, zu setzen haben. Ein anderer Mangel aber liegt, wir dürfen uns dies nicht verhehlen, in den von ihm adoptirten platonisirenden Anschauungen, die ihn ein berechtigtes Moment des in seinem Zeitalter um sich greifenden aristotelischen Realismus übersehen liessen. Wir sehen dies gleich hier in seinem Seelenbegriffe, den er durchaus nicht voll und erschöpfend fasst, wenn er die Thätigkeiten des seelischen Principes im Menschen auf die bewussten Selbstäusserungen desselben beschränkt, die nicht bewussten Thätigkeiten desselben aber völlig ignorirt.

Bonaventura unterscheidet [1] zwei Hauptpotenzen der Seele, die cognoscitive und die affective, unter deren jede er zwei Vires subsumirt; die cognoscitive Potenz fasst als besondere Kräfte Memoria und Intellectus in sich, die affective Potenz

---

[1] L. c.

die vis concupiscibilis und vis irascibilis. Die Unterscheidung höherer und niederer Seelenkräfte lässt Bonaventura nur beziehungsweise gelten, und bringt sie nur in Beziehung auf das Erkenntnissleben der Seele zur Sprache. Grund dessen ist, dass er, wie nach ihm Duns Scotus und dessen Schule, das sinnliche Begehren als einen Act des leiblichen Lebens fasst, [1] während Thomas und seine Schule das sinnliche Begehren der vis concupiscibilis der Seele als anima sensibilis zuschreiben. Dass rücksichtlich dieses Punktes die an überlieferten platonischen Anschauungen festhaltenden Scotisten richtiger dachten als die Thomisten, obschon die letzteren mit Recht den von ersteren beiseite gesetzten Begriff der Seele als Vitalprincipes urgirten, ist von uns bereits wiederholt angedeutet worden; und es muss eben nur auf Rechnung der Aeusserlichkeit und steifen Abstractheit des scholastischen Denkens gesetzt werden, dass man den Gedanken eines relativen Selbstlebens des Leibes mit der Idee der Seele als Lebensprincipes der sinnlichen Leiblichkeit nicht zu vereinbaren wusste. Die schärfere Abscheidung der Seelenvermögen von der Essenz der Seele im Thomismus hing aber unzweifelhaft damit zusammen, dass man die Seele zum Principe von Thätigkeiten und Vorgängen machte, die sich nur sehr mittelbar und relativ auf ihre Causalität zurückbeziehen liessen.

Die seit Augustinus [2] herkömmlich gewordene Unterscheidung zwischen Ratio superior und Ratio inferior wird von Bonaven-

---

[1] Dicendum, quod cum dividimus appetitum in naturalem et deliberativum, sive quamcunque aliam potentiam, hoc dupliciter potest intelligi: Aut ita quod appetitus naturalis et deliberativus diversitatem habent in objectis, utpote cum unum est appetibile solum a substantia rationali, aliud autem est appetibile a brutali. Et hoc modo bene contingit, naturalem potentiam et deliberativam esse diversas potentias. Alio modo potest dividi appetitus sive potentia in naturalem et deliberativum, ita tamen, ut non sit differentia in objectis, sed in modo appetendi, ut cum appellamus synderesin esse voluntatem naturalem . . . . . et voluntatem deliberativam appellamus appetitum, quo post deliberationem aliquando adhaeremus bono aliquando malo; et sic divisio potentiae per naturalem et deliberativam non variat eam secundum essentiam potentiae, sed secundum modum movendi. Sentt. dist. 24, ps. 1, art. 2, qu. 3.

[2] Trin. XII, c. 12.

tura [1] zunächst aus der doppelseitigen Richtung der Einen Ratio auf eine doppelte, höhere und niedere Wirklichkeit erklärt; die Ratio heisst ratio superior in ihrer Richtung auf das Ueberirdische, Uebersinnliche, Ewige, Himmlische, Göttliche, ratio inferior in ihrer Hinwendung auf das Irdische und Sinnliche. Mit der Unterscheidung zwischen ratio superior und inferior kreuzt sich die Unterscheidung zwischen intellectus agens und intellectus possibilis, [2] die sich auf den Unterschied eines vorwiegend activen und receptiven Verhaltens in der Erkenntnissthätigkeit des Intellectes bezieht. Bonaventura lässt den Intellectus possibilis vorwiegend im Materialprincip der Seelensubstanz, den Intellectus agens im Formalprincipe derselben begründet sein. Beide verhalten sich zu einander, wie die Receptionsfähigkeit des sinnlichen Auges zu der Fähigkeit desselben, die Bilder der Objecte kraft seines selbsteigenen Lichtes in sich zu erzeugen. Der Intellectus possibilis ist blosse Potenz, der Intellectus agens aber Potenz und Habitus, dem Lichte gleichend, das des Objectes harrt, um es durch seine Leuchtthätigkeit sichtbar zu machen. Bonaventura setzt den Intellectus possibilis zum Materialprincip der Seelensubstanz in specifische Beziehung; da dieses Materialprincip nach seiner und seines Ordens Lehre auch in den Engelgeistern vorhanden ist, so kommt auch diesen ein intellectus possibilis zu, wie mit Bonaventura sowol Alexander Halesius als auch Duns Scotus und seine Schule lehren; nur kann dem Intellectus possibilis des leiblosen Engels nicht das Geschäft des menschlichen intellectus possibilis zukommen, aus dem Sinnenbilde die sinnliche Vorstellung des appercipirten Sinnenobjectes abzuziehen. Die relative Gleichstellung der Menschenseele mit dem Engelgeiste in Bezug auf die anerschaffene Erkenntnissfähigkeit hat zur Folge, dass Bonaventura und die Schule seines Ordens auch den thomistischen Satz nicht anerkennen, welchem zufolge die sinnliche Wirklichkeit das objectum proprium des menschlichen Erkennens wäre; nicht die sinnliche Wirklichkeit, sondern das Seiende als solches ist das dem menschlichen Intellecte congruirende Object. Für den Mystiker Bonaventura, dem das

---

[1] Sentt. II, dist. 24, ps. 1, art. 2, qu. 2.

[2] L. c., qu. 4.

göttliche Wesen das Ueberseiende ist, beschränkt sich dieses
objectum proprium auf den Inbegriff des Geschaffenen als
desjenigen, welches gleich der Menschenseele aus Materie und
Form zusammengesetzt ist; Duns Scotus hingegen fasst gött-
liches und creatürliches Sein als Sein in univoker Bedeutung,
womit aber natürlich auch die von Bonaventura gepflegte my-
stische Contemplation als besonderes Erkenntnissgebiet wegfällt,
und die Theologie schlechthin unter den Gesichtspunkt einer
praktischen Wissenschaft, einer Wissenschaft der Wege zum
ewigen Heile erscheint. In dieser seiner Auffassung der Theologie stellt sich Duns Scotus in den entschiedensten Gegensatz
zu Thomas Aq., welcher die Theologie principiell als speculative
Wissenschaft auffasst, deren Object Gott in seinem Wesen
und Wirken sei. Bonaventura nimmt eine mittlere Stellung
zwischen diesen gegensätzlichen Auffassungen des Charakters
der Theologie als Wissenschaft, jedoch unter unverkennbarer
Hinneigung zur Auffassungsweise des Duns Scotus; ihm ist
die Theologie zunächst eine scientia affectiva, [1] d. h. eine Lehre
und Wissenschaft, in welcher für das menschliche Gemüth
eine tiefste Befriedigung gesucht, im selbstverständlichen Zu-
sammenhange damit aber zugleich auch ein höchster Grad
sittlicher Willensveredlung angestrebt wird. Er bezeichnet den
habitus affectivus des theologischen Erkennens und Wissens
als ein Mittleres zwischen dem habitus pure speculativus und
habitus practicus, und als eine höhere Einigung beider, welche
die Wissenschaft zur Weisheit mache.

Diese Auffassung des Wesens und Charakters der theologischen Erkenntniss reflectirt sich auch in den psychologischen
Erörterungen Bonaventuras über Wesen und Natur des sittlichen Willens. Wie ihm das wahrhafte religiöse Erkennen
die Natur eines sittlichen Thuns an sich hat, so behauptet er
insgemein, dass das liberum arbitrium sachlich von Vernunft
und Wille des Menschen nicht verschieden sei, sondern von
der Natur beider etwas an sich habe, obschon es dem Begriffe
nach von jeder der beiden Potenzen als der Beweger beider
zu unterscheiden sei. [2] Man hat das liberum arbitrium nicht

---

[1] Sentt. I, Prooem.

[2] Cum dicimus aliquam potentiam distingui ab aliis, hoc est dupliciter, aut
secundum rem aut secundum rationem. Secundum rem, sic distinguitur

so sehr als Vermögen, denn vielmehr als eine Fähigkeit zu bezeichnen, die aus dem Vorhandensein von Vernunft und Wille im Menschen resultirt. Denn weil der Mensch Vernunft hat, kann er über seine Acte reflectiren und entscheiden, ob sie geschehen sollen oder nicht; und weil er einen Willen hat, so kann er sich seiner Entscheidung gemäss zur Setzung oder Unterlassung des Actes bestimmen. Dieser gemeinsame Antheil von Vernunft und Wille an der Function des liberum arbitrium ist in der sprachlichen Benennung desselben selber schon enthalten; das Arbitrari als solches gehört der Vernunft an, dem Willen hingegen die Libertas oder Facultas der Execution der sententia arbitrii. Der beiderseitige Antheil von Vernunft und Wille an der Function des liberum arbitrium verhält sich wie der Stoff zur Form; desshalb wird in der sprachlichen Benennung desselben der Vernunftantheil durch ein Substantiv, der Willensantheil durch ein Adjectiv ausgedrückt.

Vergleicht man Bonaventura's Erklärung des liberum arbitrium mit jener bei Thomas Aquinas, [1] so springt der durchgreifende Gegensatz der beiderseitigen Auffassungsweise sofort unmittelbar in die Augen. Dass die Functionen des liberum arbitrium zu jenen der vergleichenden und erwägenden Ratio in Wechselbeziehung stehen, stellt natürlich auch Thomas nicht in Abrede; er fasst aber das den actus proprius des liberum arbitrium constituirende Eligere als Act der virtus appetitiva auf, und kehrt das von Bonaventura in der Benennung liberum arbitrium aufgewiesene Verhältniss von Stoff und Form, Substantivischem und Adjectivischem in sein Gegentheil um, wenn er mit Aristoteles die Electio als desiderium consiliabile [2] bezeichnet. Während Bonaventura es als unzulässig erklärt, das liberum arbitrium für eine Potenz zu nehmen,

---

intellectus et affectus. Secundum rationem, sic distinguitur ratio ut est cognitiva, et motiva i. e. dictans moveri vel disponens ad motum. Loquendo igitur de distinctione secundum rationem dici potest, liberum arbitrium quodammodo distingui posse a ratione et voluntate, in hoc scil., quod liberum arbitrium nominat in ratione moventis, voluntas vero et ratio in ratione moti. Sentt. II, dist. 25, ps. 1, art. 1, qu. 2.

[1] Summ. theolog. I, qu. 83, art. 1—4.
[2] Ὄρεξις βουλευτική. Arist. Ethic. Nicom. III, c. 5.

da sie nur ein Habitus des mit den Potenzen der Vernunft
und des freien Willens ausgerüsteten Menschen sein könne,
ist Thomas zu zeigen bemüht, dass das liberum arbitrium
weder Habitus noch potentia cum habitu sein könne, sondern
rein nur Potenz, als solche aber sachlich Eins sei mit der
Voluntas, zu welcher sich das liberum arbitrium wie die Ratio
zum Intellectus verhalte. Wie nämlich der Intellect auf das
Wahre als solches geht, die Ratio aber mit der Ermittelung
und Vermittelung des als wahr zu Denkenden sich befasst, so
ist die Voluntas einfach auf das Gut oder Gute als solches
gerichtet, das liberum arbitrium aber auf die Wahl des zweck-
dienlichen Mittels zur Erlangung des Gutes oder Guten. Wir
haben in diesem Meinungsgegensatze zwischen Thomas und
Bonaventura, in welchem das Wahre auf beide Seiten vertheilt
ist, einen Beleg für die noch unentwickelten Zustände der
vorläufig nur durch theologische und metaphysische Gesichts-
punkte orientirten psychologischen Forschung zu erkennen.
Thomas ist allerdings im Rechte, wenn er das liberum arbitrium
dem Willen als solchem zutheilt; nur ist in dieser Beziehung
noch weiter zu gehen, als Thomas geht, und die Wahlfreiheit
einfach als wesentliche Qualität des geistigen Vernunftwillens
der Seele zu nehmen. Es geht aber nicht an, den Selbstwillen
der vernunftbegabten denkhaften Menschenseele als ein besonderes Vermögen vom Wesen der Seele abtrennen zu wollen;
die Seele ist ihrem Wesen nach eine wollende, so wie sie
ihrem innersten Wesen nach denkhaft ist, und es ist kein
Zweifel, dass ihr Wollen durch ihr Denken und Vorstellen
bestimmt wird. So weit das Vorstellen von sinnlichen Eindrücken und Reizen bestimmt ist, sucht es den Willen diesen
Eindrücken und Reizungen gemäss zu bestimmen, und der
vernünftige Selbstwille der Seele bekundet sich als geistige
Selbstmacht dadurch, dass er trotz der dem Denken der Seele
sich aufdrängenden Imaginationen der Annehmlichkeiten und
Güter, die ihm in den Objecten jener Imaginationen sich dar-
bièten, sich nach den ureigenen Anschauungen und Ueberzeu-
gungen der Seele bestimmt. Aber auch, wenn sie durch jene
täuschenden und berückenden Imaginationen sich bestimmen
lässt, ist es ihr eigener Wille, und sie hat das Bewusstsein,
gegen ihre bessere Ueberzeugung nachgegeben zu haben. Dieser

ihr selbsteigener Wille lässt sich als ihr Selbstwille nur dem
Begriffe nach von ihrem Wesen abscheiden; es kann da weder
von einem ‚Vermögen‘ noch von einem ‚Instrumente‘, sondern
nur von einem Thätigsein der Seele die Rede sein, das mit
dem Begriffe der Seele als lebendiger Potenz von selber gegeben ist und als Thätigsein einer über physische Nöthigung
oder immanente Naturnothwendigkeit erhabenen Potenz wesentlich ein freies selbstgewolltes Handeln ist. Wie dieses selbsteigene Handeln des inneren seelischen Menschen ausfalle, ist
freilich von seiner innerlichen Disposition abhängig, die eben
in seinem thatsächlichen Handeln sich kundgibt; Bonaventura
hat für diese Disposition den bezeichnenden Ausdruck: Affectio, welchen er gelegentlich mit Voluntas gleichbedeutend setzt,
wenn er Intellectus und Affectus, Ratio und Voluntas als einander deckende Gegensätze bezeichnet. Diess ist freilich nicht
ganz genau gesprochen; man muss aber zugeben, dass er durch
die Gleichsetzung der Voluntas mit der potentia affectiva der
Menschenseele wirklich in die Mitte der Sache einrückt, was
noch mehr hervortritt, wenn er gelegentlich äussert, dass neben
der Zweitheilung: Cognoscitiva und Affectiva, auch die Dreitheilung Ratio, Mens, Voluntas festgehalten werden könnte.
Es ist also das Gemüth als eine vom reflectirten Selbstwillen
der Seele verschiedene Potenz, die in seiner Psychologie nach
einer Stelle ringt, welche ihr in der nach Aristotelischen Anschauungen construirten Psychologie versagt blieb; aber freilich
gelangt sie bei ihm nur sehr relativ, und bloss nach ihrer
receptiven Seite zur Geltung, und selbst da nur insoweit, als
es nöthig und sachlich gefordert schien, dem von Augustinus
betonten Urzuge der Seele nach Gott als absolutem Complemente
derselben gerecht zu werden. Von der lebendigen Gemüthskraft als Uransatz selbstbewussten Persönlichkeit und charak-
tervollen concreten Selbstgestaltung des inneren Seelenmenschen ist in dem von formalisirenden Abstractionen umnetzten
scholastischen Denken nie und nimmer die Rede; sie ist aber
auch in der neuzeitlichen Philosophie dort nicht zum Ausdrucke
gekommen, wo man, statt von Gemüth und Geist, nur von
Gefühl und Vernunft zu reden wusste, und den inneren selbstigen Kern des menschlichen Wesens in semipantheisirenden
Reflexionen sich verflüchtigen liess. Den Nöthen betreffs der

Frage von den Seelenvermögen, deren Theilung und Verhältniss zum Wesen der Seele wird wol insgemein nur dadurch
abzuhelfen sein, dass die abstract metaphysische Behandlung
der Seelenlehre in die real concrete umgesetzt, die ,Vermögen'
als Qualitäten und Wesensäusserungen der Seele gefasst, der
Classification der Vermögen aber die Idee einer lebendigen
Selbstgliederung in Wachsthum und Entwicklung des inneren
Seelenmenschen substituirt wird.

Bonaventura geht im Gegensatze zu den streng peripatetischen Scholastikern etwas tiefer in das affective Gemüths-
leben der Seele ein, und bringt in dieser Hinsicht namentlich
eine wichtige Ergänzung zur scholastisch-thomistischen Lehre
von Gewissen bei. Er geht in diesem Lehrpunkte auch entschieden von seinem Vorgänger Alexander Halesius [1] ab, der
die Synderesis den cognoscitiven Seelenkräften zugewiesen
hatte. Bonaventura [2] fasst die Synderesis als einen der potentia
affectiva eingeschaffenen Trieb, der den Affect oder das Begehren der Seele auf das moralisch Gute hinlenkt. Er nennt diesen
Trieb ein naturale pondus, welches den Affect in dessen Begeh-
rungen zu beeinflussen und zu bestimmen suche, damit er dem,
was recht ist, den Vorzug gebe vor demjenigen, was im Gegensatze
zum moralischen Gebote dem selbstischen Interesse oder der selbstischen Neigung des Menschen zusagen möchte. Er sieht in diesem
der potentia affectiva eingeschaffenen natürlichen Zuge ein Correlat des dem Intellecte eingeschaffenen Judicatorium naturale,
welches die obersten Denkregulative des theoretischen und praktischen Intellectus enthält. Den praktischen oder auf die Cognosci-
bilia moralia gerichteten Intellect nennt Bonaventura conscientia,
versteht also unter conscientia dasjenige, was Thomas Aq. [3]
synderesis nennt, während Thomas unter conscientia lediglich
die Application der moralischen Regulativprincipien auf die zu
begehenden oder wirklich begangenen freithätigen Handlungen
des ·Menschen versteht. [4] Demzufolge sieht Thomas in der
conscientia eine blosse Thätigkeit, in der synderesis einen

---

[1] Summ. theol. II, qu. 73, mbr. 2.

[2] Sentt. II, dist. 39, art. 2, qu. 1.

[3] Summ. theolog. I, qu. 79, art. 12.

[4] Summ. theolog. I, qu. 79, art. 13.

blossen Habitus, während Bonaventura in der einen, wie in der anderen eine potentia cum habitu oder potentia habitualis sieht. Das Verhältniss der Synderesis zur Conscientia [1] ist nach Bonaventura gleich jenem der Liebe zum Glauben; die Conscientia befiehlt und dictirt, die Synderesis begehrt aus selbsteigenem Drange das von der Conscientia Dictirte. Gegenüber dieser Erklärung der Gewissensanlage, die, obschon nicht schlechthin befriedigend, immerhin einen relativen Fortschritt gegenüber der aristotelisch-thomistischen bekundet, fällt Duns Scotus wieder in die rein intellectualistische Auffassung der Gewissensanlage zurück; die Synderesis ist ihm der Habitus der praktischen Principien, die Conscientia der Habitus der aus diesen Principien resultirenden sittlichen Gesetze. Seiner wahren Bedeutung nach ist das Gewissen eine Zusammensetzung aus Sinn, Trieb und Gefühl des inneren Seelenmenschen, welchem sich im Zusammenwirken jener Drei die Idee des menschlichen Selbst nach der sittlichen Seite desselben, d. h. mit Rücksicht auf die sittliche Natur und Bestimmung des Menschen zum Bewusstsein bringt. Man kann es kürzer auch das sittliche Selbstbewusstsein des Menschen nennen, unter der Voraussetzung, dass dieses Bewusstsein nach seinem Vollgehalte und nicht als blosses Wissen, sondern als eine von der lebendigsten geistigen Empfindung getragene und beseelte Selbstapperception gefasst wird.

Der Meinungsgegensatz zwischen Bonaventura und Thomas über die Constituenten der Gewissensanlage wirft ein erklärendes Licht auf den vorerwähnten Unterschied beider in der Auffassung des liberum arbitrium, welches Thomas einfach der virtus appetitiva zuweist, während es Bonaventura zwar auch als wesentliche Bestimmtheit des menschlichen Willensvermögen fasst, zunächst aber doch in der Denkfähigkeit des Menschen wurzeln lässt. Thomas braucht ein vom Intellecte sachlich geschiedenes Subject der gebietenden und richtenden Thätigkeit des legislativen Intellectus practicus, welches eben nur der wahlfreie Wille als solcher sein kann. Bei Bonaventura, der die treibende und drängende Macht des Gewissens in die potentia affectiva verlegt, stellt sich die Sache anders;

---

[1] Die Auffassung der Conscientia bei Bonaventura stimmt wieder mit jener des Alexander Halesius (Summ. II, qu. 74).

dem sittlichen Triebe steht hier Gedanke und Wille gegenüber, beide müssen durch denselben zum Handeln der sittlichen Selbstentscheidung impellirt werden. Zudem sind bei Bonaventura die Potenzen des Erkennens und Wollens überhaupt nicht so strenge von einander und vom Wesen der Seele abgeschieden, wie bei Thomas, was wol seinerseits wieder darin gegründet ist, dass Thomas das Denken selbstmächtiger walten lässt und demzufolge auch die Sphäre desselben von jener des Begehrens und Wollens bestimmter gesondert haben will, als Bonaventura, in dessen Denken über die das höhere Lebensinteresse des Menschen betreffenden Gegenstände der unmittelbare Antheil des Gemüthes sich so sichtlich in den Vordergrund stellt. Dieser Unterschied der geistigen Auffassungsweise stellt sich auch in der beiderseitigen Formulirung der Beiden gemeinsamen Anschauung vom höchsten absoluten Ziele der seelischen Strebethätigkeit hervor. Für Thomas ist die absolute Befriedigung des seelischen Erkenntnisstriebes in der Anschauung der ewigen Wahrheit das Primäre, [1] für Bonaventura die Einigung der in der heiligen Liebe vollendeten Seele mit der ewigen Urliebe. Sofern bei Bonaventura diese Einigung mit Gott im Affecte des Gemüthes und Willens eine über die Anschauung der Wahrheit noch hinausgehende Stufe der Einigung mit Gott zu bedeuten hat, [2] ist man wol versucht zu fragen, ob damit nicht ein völliges Untergehen, nicht bloss der seelischen Eigenheit, sondern mit dieser auch der Seele selbst in Gott involvirt ist. Die von Thomas als primäres Moment im Begriffe der Seligkeit betonte intellectuelle Befriedigung wahrt das Recht der Selbstheit, die Thätigkeit des Anschauens involvirt die Unterschiedenheit des Anschauenden und Angeschauten; und zwar ist diese Unterschiedenheit des Subjectes vom Objecte in der Anschauung Gottes als ewiger Wahrheit

---

[1] Vgl. Dante Paradiso XXVIII, 106—112:

E déi saver che tutti hanno diletto,
Quanto la sua veduta si profonda
Nel vero in che se queta ogni intelletto.
Quinci si può veder come si fonda
L'esser beato nell'atto che vede;
Non in quel ch'ama, che poscia seconda.

[2] Vgl. Bonaventura's Itinerarium mentis in Deum, c. 7.

in eminentester Weise involvirt, weil die Anschauung der Wahrheit in ihrer eigensten Wesenheit einen eminentesten, höchstgesteigerten Grad geistiger Selbstthätigkeit des Anschauenden voraussetzt und fordert. Zugleich ist diese Auffassung der Seligkeit die geistigste, welche sich nicht durch eine noch geistigere überbieten lässt, ohne den Gegenstand derselben selber aufzuheben. Es ist merkwürdig, dass gerade jene Denkrichtung, in welcher sich der peripatetischen Scholastik gegenüber das Gefühl der individuellen Selbstheit zum Ausdrucke brachte, in so bedenklicher Weise an Pantheismus streifte; der Erklärungsgrund liegt aber offen da, und bietet sich in Bonaventura's Anschauung vom menschlichen Intellecte dar, der ihm trotz seines formellen Anschlusses an die herrschende Lehre der damaligen Schulen doch vorwiegend receptives Vernunftsvermögen ist, während er nach der von Thomas und den scholastischen Peripatetikern überhaupt ihm gegebenen Bedeutung vornehmlich activer Weltverstand ist. Freilich muss dieser, wenn er über das in Natur und Welt erfahrungsmässig Gegebene sich erhebend, das Ewige, Himmlische und Göttliche ergründen will, auch nach Thomas' Lehre durch die Gnade über sich selbst erhoben werden, und in einem höheren Lichte, als das der intellectiven Menschenseele concreirte Licht ist, schauen; aber er behauptet auch in diesem höheren Schauen seine Activität, ja er fühlt sich im Elemente der himmlischen Klarheit zu einem höchsten Grade von Activität emporgehoben. Nicht so bei Bonaventura, dem die zur höchsten Stufe der Contemplation emporgehobene Seele in Entzückung ausser sich versetzt wird, [1] was nach Umständen auch so viel besagen

---

[1] Die richtige Auffassung der geistigen Physiognomie beider Männer ist auf charakteristische Weise bei Dante ausgeprägt, der in Thomas, den Meister der Weisheit, in Bonaventura den Zeugen ewiger Liebe feiert. Dem ersteren legt er eindringendes Geistschauen bei:

> Ed io senti' dentro a quella lumiera,
> Che pria m'avea parlato, sorridendo
> Incominciar, facendosi più mera:
> Così com'io del suo raggio m'accendo,
> Sì, riguardando nella luce eterna,
> Li tuo' pensieri onde cagioni, apprendo.
>
> (Parad. XI, 17—22).

könnte, dass der absolute Gegenstand des seelischen Begehrens
das geistige Fassungsvermögen der Seele schlechthin übersteigt. [1]
Diess will nun Bonaventura allerdings nicht sagen, und kann
es nicht sagen wollen; aber so viel liegt in seiner gesammten
Auffassungsweise thatsächlich ausgesprochen, dass der jenseitige
Vollendungsstand der menschlichen Seele unserem zeitlichen
Denken absolut entrückt sei. Und damit ist das richtige Maass
augenscheinlich überschritten; denn was unserem Vorstellen
entrückt ist, ist damit noch nicht unserem Denken unerreichbar geworden. Bonaventura ist augenscheinlich bemüht, den
Denkinhalt des christlichen Glaubens inniger und innerlicher
zu fassen, als der Denkstandpunkt und Denkhabitus des scholastischen Peripatetismus diess zuzulassen scheint; er vermag
jedoch nicht jenen Grad von Denkenergie aufzubieten, der er-
forderlich gewesen wäre, den speculativen Gehalt der peripatetischen Scholastik noch weiter zu vertiefen, ja nur desselben
sich vollkommen zu bemächtigen. Denn sein Sichzurückziehen
auf den Standpunkt der mystischen Beschauung ist einem Ver-
zichte auf eine geistige Bewältigung der Denkbestrebungen der
speculativen Peripatetik gleich zu erachten. Sei es auch, dass
er eine innerlichere und tiefere Fassung des Inhaltes der
christlichen Glaubensüberzeugung anstrebt, so fasst er doch
das intellective menschliche Erkennen zu sehr von der receptiven Seite desselben auf, [2] als dass ihm eine ideelle Vertiefung

---

Bonaventura spricht als Zeuge der ihn durchglühenden heiligen Gottes-
liebe:

. . . . . L'amor che mi fa bella,
Mi tragge a ragionar dell'altro duca,
Per cui del mio si ben ci si favella.

(Parad. XII, 31—33. Siehe oben S. 3.)

[1] Tu autem o amice — heisst es Itinerar. ment. c. 7 (gegen Ende) —
circa mysticas visiones corroborato itinere, et sensus desere et intellec-
tuales operationes et sensibilia et invisibilia et omne non ens et ens, et
ad unitatem (ut possibile est) inscius restituere ipsius, qui est super omnem essentiam et scientiam.

[2] Similitudo, secundum quod unum est similitudo alterius . . . . . est ratio
cognoscendi, et haec dicitur idea. Sed aliter est in nobis, aliter in Deo.
In nobis quidem ratio cognoscendi est similitudo, cognitum est veritas.
Nam in nobis est similitudo accepta et impressa ab extrinseco, propter
hoc, quod intellectus noster respectu cogniti est passibilis et non actus

des speculativen Religionsdenkens seiner Zeit gelingen könnte. Er bleibt hinter Thomas zurück, dessen Anschauen der ewigen Wahrheit als höchst gesteigerte Activität des menschlichen Intellectes doch nur die active Reproduction der göttlichen Ideen der Weltdinge oder die geistige ideelle Wiedersetzung der gottgeschaffenen Weltwirklichkeit in deren vollendeter Wirklichkeit bedeuten kann, während Bonaventura's Auffassung des Intellectes nach seinem ganzen Denkhabitus dahin neigt, in demselben vorwiegend ein Organ für die Reception der göttlichen Erleuchtung zu sehen. [1] Das Zusammenrücken von Essenz und Potenzen der menschlichen Seele bei Bonaventura hätte allerdings einen geeigneten Ansatz dafür geboten, dasjenige, was Thomas dem menschlichen Intellecte in Bezug auf die Erkenntniss der dem menschlichen Intellecte subordinirten Einzeldinge beilegte, als Wesen und Qualität der menschlichen Seele als solcher zu erkennen, und in dieser, die nach Thomas und Aristoteles quodammodo omnia ist, die Fähigkeit und den Beruf zu einer activen geistigen Reproduction des in seiner gottgedachten Idee erfassten Weltganzen zu erkennen. Aber abgesehen davon, dass eine derartige Betonung der subjectiven Selbstmacht des menschlichen Denkens überhaupt nicht

---

purus. In Deo autem est e converso, quia ratio cognoscendi est ipsa veritas, et cognitum est similitudo veritatis, scil. ipsa creatura. Sentt. I, dist. 35, art. 1, qu. 1.

[1] Man erkennt diess aus der Art und Form, in welcher er die Begründung der Lehre vom Intellectus agens als einem der Seele eignenden Vermögen einleitet: Alius modus intelligendi (doctrinam de intellectu agente) est, quod intellectus agens esset ipse Deus, intellectus vero possibilis esset noster animus. Et iste modus dicendi super verba Augustini est fundatus, qui in pluribus locis dicit et ostendit, quod lux quae nos illuminat, magister qui nos docet, veritas quae nos dirigit, Deus est, juxta illud Joannis: Erat lux vera, quae illuminat omnem hominem etc. (Jo. 1, 9). Iste autem modus dicendi, licet verum ponat et fidei catholicae consonum, nihil tamen est ad propositum, quia, cum animae nostrae data sit potentia ad intelligendum, sicut aliis creaturis data est potentia ad alios actus, sic Deus, quamvis sit principalis operans in operatione cujuslibet creaturae, dedit tamen cuilibet vim activam, per quam exiret in operationem propriam. Sic credendum est indubitanter, quod animae humanae non tandummodo dederit intellectum possibilem, sed etiam agentem, ita quod uterque est aliquid ipsius animae. Sentt. II, dist. 24, ps. 1, art. 2, qu. 4.

im Geiste jenes Zeitalters lag, hätte speciell Bonaventura auf
eine derartige Auffassung des intellectiven Wesens der Seele
und der angestammten Befugnisse derselben schon desshalb
nicht kommen können, weil er, auf die Assertion des gottebenbildlichen Charakters der Menschenseele sich beschränkend, in
eine speculative Erforschung des Wesens der Seele, durch
welches jene Auffassung unterbaut und getragen sein musste,
sich von vorne herein gar nicht einliess. Er suchte im Nach-
denken über Wesen und Natur der Dinge nur Befriedigung
für sein religiöses Bedürfniss. Allerdings stand dieses Bedürfniss auch mit sehr entschiedenen Grundneigungen seines meta-
physisch-ontologischen Denkens in Verbindung, ja war mit
denselben auf's innigste verschwistert; aber es waren keine
zeugungskräftigen Gedanken, aus welchen sich Sein und Werden
der geschöpflichen Dinge hätte erklären lassen, sie bekunden
vielmehr einen dem unfassbaren unendlichen Einen zustrebenden Zug seines Gemüthes, [1] und in diesem Einen, dem der
Zug seiner Gedanken zustrebte, schien ihm alles Andere untergehen zu wollen. Wir erkennen und ermessen daran die Hoheit
und Reinheit seiner Gesinnung; nicht umsonst wurde er Doc-
tor Seraphicus zubenannt. In der That lebten und webten
seine Gedanken und Gefühle in jenem Lichtäther, von dessen
Wellenschlägen seine Seele wie von Seraphsgluten angeglüht
wurde und in das Morgenroth eines unsterblichen Seins tauchte.
Wir werden ihn nicht darob tadeln, dass er nicht im speculativen Denken die Brücke aus dem himmlischen Lichtreiche
in die diesseitige unverklärte Wirklichkeit fand; er suchte
eben umgekehrt eine Brücke, die aus der diesseitigen unver-

---

[1] Mira est coecitas intellectus, qui non considerat illud quod prius videt,
et sine quo nihil potest cognoscere. Sed sicuti oculus intentus in varias
colorum differentias lucem, per quam videt cetera, non videt, et si videt,
non tamen advertit, sic oculus mentis nostrae intentus in ista entia parti-
cularia et universalia ipsum esse extra omne penus, licet primo occurrat
menti, et per ipsum alia, tamen non advertit. Unde verissime apparet,
quod sicut oculus vespertilionis se habet ad lucem, ita se habet oculus
mentis nostrae ad manifestissima naturae; quia assuefactus ad tenebras
entium et phantasmata sensibilium, cum illam lucem summi esse intuetur,
videtur sibi nil videre, non intelligens, quod ipsa caligo summa est
mentis nostrae illuminatio, sicut quando videt oculus puram lucem,
videtur sibi nihil videre. Itinerar. ment., c. 5.

klärten Wirklichkeit in die verklärte jenseitige hinüberleitet, und fand sie in Christus, der ihm als personhafte Einheit des Göttlichen und Creatürlichen, so wie als Gründer, Haupt und Herz der kirchlichen Glaubensgemeinschaft das Totum integrale der kirchlichen Theologie als Scientia affectiva ist. Zwei Jahrhunderte später versuchte ein Mann, dessen Denken auf einer ähnlichen metaphysisch-platonischen Hinterlage, wie jenes Bonaventura's stand, in dessen Geiste aber der bei Bonaventura erst nur auf psychologischem Gebiete keimartig sich regende Individualismus in mathematisch-philosophischer Durchbildung fertig dastand, eine philosophische Reconstruction des christlichen Weltgedankens mit einem gleichfalls christosophischen Abschlusse, in welchem die christologische Anschauung Bonaventura's aus dem Gebiete einer vorwiegend psychologischen Mystik in das Gebiet der allgemeinen Weltlehre übertragen und in eine kosmologische Idee umgesetzt erscheint. Für das Zeitalter eines Gerson, der von dem veräusserlichten und entgeisteten Scholasticismus seines Jahrhunderts abgestossen, Bonaventura als den wahren und ächten Lehrer geistestiefer Frömmigkeit pries, war das Denksystem des Cusaners der angemessene philosophische Ausdruck dessen, was Bonaventura in der Zeit der Hochblüthe der speculativen Scholastik als Theolog und Mystiker gleichsam vorahnend nicht so sehr angestrebt als vielmehr vorausempfunden hatte. Das Verhältniss zwischen Bonaventura und Nikolaus Cusanus ist eigentlich diess, dass Bonaventura durch die in seinem Zeitalter zur Hochblüthe entfaltete peripatetische Scholastik nicht befriediget theilweise hinter dieselbe auf die Mystik des zwölften Jahrhunderts sich zurückzog, während Nikolaus Cusanus bereits Mystik und Scholastik des Mittelalters geistig hinter sich hatte, obschon die in ersterer gesuchte psychologische Vertiefung des christlichen Religionsdenkens auch in seinem Geiste angeklungen hatte, und das in ihr sich regende Bedürfniss einer die scholastischen Abstractionen bewältigenden concreten Anschauung in seinem speculativen Individualismus zum ersten Male einen rein philosophischen Ausdruck gefunden hatte.

Die Mystiker des zwölften Jahrhunderts, auf welche Bonaventura zurückgeht, sind die Victoriner, zunächst Richard von St. Victor, welchem Bonaventura's Grundtheilung der seelischen

Potenzen in Ratio und Affectus entlehnt ist. [1] Diesen beiden
seelischen Vermöglichkeiten unterstellt Richard als dienende
Kräfte die Imaginatio und Sensualitas, welche den Thätigkeiten der Ratio und des Affectus Stoff und Inhalt liefern. [2]
Die Ratio könnte ihre Bestimmung, den Menschen zur Betrachtung des Uebersinnlichen zu erheben, ohne den Dienst
der Imaginatio nicht erfüllen, diese aber ihrerseits wieder ohne
die durch das Sinnesvermögen ihr gelieferten Apperceptionen
der Sinnendinge ihrem Dienste für die Ratio nicht nachkommen;
der Mensch kann das Uebersinnliche nur auf Grund seines
sinnlichen Wahrnehmungslebens erreichen, die Bilder der Sinnendinge verhelfen ihm zur Apperception einer übersinnlichen
Wirklichkeit, die in der sinnlichen auf eine gewisse Art abge-
staltet und nachgebildet ist. So steht also die Sensualitas,
die zunächst der Affectio dient, auch in einem mittelbaren
Dienstverhältniss zur Ratio, deren unmittelbare Dienerin die
Imaginatio ist. Bereits dieser unterste psychologische Unterbau der Mystik Richards lässt erkennen, dass in derselben
vornehmlich von den cognoscitiven Thätigkeiten der Seele die
Rede sein werde, vom Affectleben der Seele aber nur insofern,
als es mit den cognoscitiven Functionen der mystischen Contemplation verschmolzen ist, oder sofern es sich um die nöthige
vorbereitende ethische Disciplin des Affectlebens handelt. Ganz
so finden wir es auch bei Bonaventura, so dass also auf eine
methodisch ausgebildete Thelematologie beiderseits nicht zu
rechnen ist, so sehr man diess auch bei der grundsätzlichen
Versenkung der Mystiker in das psychische Erfahrungsleben
zu erwarten sich versucht fühlen könnte. Für eine pragmatische
Exposition der Vorgänge des menschlichen Seelenlebens ist
während des gesammten Mittelalters unbestreitbar das Meiste im

---

[1] Vgl. Richard's Benjamin Minor, c. 3: Omni spiritui rationali gemina
quaedam vis data est ab illo Patre luminum, a quo est omne datum
optimum et omne donum perfectum. Una est ratio, altera est affectio: ratio
qua discernamus, affectio qua diligamus; ratio ad veritatem, affectio ad
virtutem.

[2] Obsequitur sensualitas affectioni, imaginatio famulatur rationi. Intantum
unaquaeque harum ancillarum dominae suae necessaria esse cognoscitur,
ut sine illis totus mundus nil eis conferre videretur. Nam sine imaginatione ratio nihil sciret, sine sensualitate affectio nil saperet. O. c., c. 5.

zweiten Theile der Summa theologica des heil. Thomas Aqui-
nus geleistet worden, obschon die ganze Exposition die aristotelische Thelematologie zu ihrer Grundlage hat, und demnach
auch, so weit es sich um eine philosophische Kritik derselben
handelt, mit dieser unter den gleichen Gesichtspunkt fällt. Die
Victoriner haben, indem sie, statt auf eine Analyse des menschlichen Willensvermögens sich einzulassen, bei der Affectio als
solcher stehen blieben, die Einseitigkeit vermieden, die Fruitio
oder Befriedigung des inneren Seelenmenschen als einen actus
voluntatis zu fassen, wie diess in der peripatetischen Scholastik
der Fall ist; und bei Bonaventura dringt da, wo er auf die als
tiefere Mitte zwischen Intellectus und Voluntas stehende Mens
zurückgeht, der Begriff der Seeleninnerlichkeit durch, als deren
Befriedigung die Fruitio zu fassen ist, nur dass ihm, wie schon
bemerkt, zufolge seiner vorwiegend receptiven Fassung der
Mens der in seiner Geistigkeit höchst active Charakter der
vollkommen befriedigten Seeleninnerlichkeit nicht klar wird.
Er ist hierin eben noch von den aus der Victorinerschule
empfangene Anregungen abhängig; indem Richard bei der
Unterscheidung zwischen Ratio und Affectio stehen bleibt, unter-
schiebt sich der Augustinische Begriff der Mens seinem eigenen
Begriffe der Affectio, und die Nachwirkung hievon ist auch in
den der Richard'schen Mystik nachgebildeten mystisch-contem-
plativen Ausführungen Bonaventura's erkennbar. Richard sieht in
den beiden Gattinnen Jakob's Rachel und Lea die typischen
Repräsentantinnen der Ratio und Affectio;[1] die für sich in die
Dämmerregion dunkler Regungen gewiesene Affectio hat ihr
Vorbild in der schwachäugigen Lea,[2] die sich zufolge ihrer
Schwachsichtigkeit von ihrer vielgeschäftigen Dienerin Zilpa,

---

[1] Bei Augustinus (Contra Faustum XXII, cap. 52 f.) sind Rachel und Lea
die typischen Repräsentantinnen des contemplativen und activen Lebens;
diese von Gregor d. Gr. wiederholte Deutung ist im Mittelalter die ge-
wöhnliche, findet sich auch bei Thomas Aq. (2, 2 qu. 179, art 2), und
ist von da in Dantes Gedicht (Purg. XXVII, 100—108; vgl. Infern. II,
162) übergegangen. Bei Richard ist die Contemplation durch Jakobs
jüngsten Sohn Benjamin repräsentirt, nach welchem auch die von der
Contemplation handelnden Schriften Richards (Benj. Minor, Benj. Major)
benannt sind.

[2] Benj. min., c. 5.

d. i. von der Sensualitas nur zu häufig berücken lässt. Es handelt
sich also um die Gewinnung und Aufrechthaltung der rechten
Wohlordnung in den Bewegungen und Emotionen der Affectio;
die Vorbedingung dieser Wohlordnung ist die Disciplinirung
der Sensualitas durch die Tugenden der Temperantia und Ab-
stinentia, welche Richard als die beiden von Jakob (das heisst
wol vom Seelenwillen) mit der Zilpa gezeugten Kinder (Gad
und Ascher) bezeichnet. [1] Als selbsteigene Sprossen der Affectio gibt Richard, den sieben Kindern der Lea entsprechend,
sieben Affecte an: Furcht und Hoffnung, Freude und Schmerz,
Liebe und Hass, Scham. Der siebente Affect dürfte der be-
kannten Sechszahl der übrigen wol nur zur Herstellung der
Uebereinstimmung der Zahl mit den typisch-allegorischen biblischen Figuren beigefügt sein. Daraus lässt sich aber bereits
der Schluss ziehen, dass eine methodische Ableitung derselben
ausser Richard's Absicht liegt, wie er sich denn in der That
auf eine Auseinandersetzung der ethisch-religiösen Bedeutung
derselben und der Verkehrung in ihr unsittliches Gegentheil
beschränkt, ihr vorsittliches rein menschliches Wesen aber
unerörtert lässt und ihr Vorhandensein in der Seele als eine
nicht weiter zu erklärende Thatsache einfach hinnimmt. Er
muss sie wol als solche hinnehmen, da er auf das hinter der
Differenzirung in Ratio und Affectio stehende grundhafte Wesen
der Seele nicht eingeht, somit auch auf jenen grundhaften Urzug der Seele nicht advertirt, welcher von der in die empi-
rische Zeitlichkeit versetzten und versenkten Seele selber nicht
verstanden, allen ihren affectuosen Bewegungen zu Grunde
liegt, und nur im Lichte des abgezogensten Geistdenkens sich
selbst vollkommen klar zu werden vermag. Es ist diess der
Urzug der Seele nach dem allein sie vollkommen ausfüllen-
den Unendlichen, das in sie eingehend sie in die endlose Be-
glückung des Seligseins in Gott emporhebt. Dieser Zug der Seele
nach dem Unendlichen ist der in ihr schlummernde Uraffect
— die Uraffection derselben, die mit ihrem Wesen selber gegeben ist und die Urbestimmtheit ihres nach Gott geschaffenen
Wesens ausdrückt, das als solches mit seinen tiefstliegenden
Instinkten, mit seinem Urbegehren Demjenigen zugekehrt sein

---

[1] Benj. min. capp. 25 ff.

muss, für den und zu dem es geschaffen ist, wenn ihn auch
die Seele zufolge ihrer Versenktheit in die Welt des sinnlichen
Scheines nicht finden und erkennen sollte. Dieses Urbegehren
lässt sich nicht seitlich neben die Ratio oder gar unter dieselbe stellen, es ist vielmehr eine Grundbestimmtheit der Seele,
welche diese im gründenden Eingehen in sich selbst sich zum
Bewusstsein zu bringen hat. Bezüglich dieses Punktes ist
Bonaventura dem Geiste Augustins näher gekommen als Richard,
obschon man nicht sagen kann, dass er der Bedeutung der
Augustinischen Mens als tiefster Seeleninnerlichkeit vollkommen
gerecht worden wäre; sie schwächt sich ihm ab zum Begriffe
der Vernunft in ihrer Richtung auf Gott, der Gedanke eines
lebendigen activen Fassens des Göttlichen in der innersten
Seelentiefe ringt sich bei ihm nicht hervor. Dass er die Synderesis als apex mentis fasst, [1] soll wol so viel besagen, dass
sich in der Synderesis der Zusammenschluss der Seele mit
Gott als Urgutem vollzieht; dagegen ist jedoch zu erinnern,
dass die actualisirte oder in lebendige Thätigkeit übergegangene Synderesis wol eine unerlässliche Vorbedingung jenes
Zusammenschlusses ist, dieser aber, soweit er überhaupt vom
Menschen abhängt, in Kraft des thätigen Selbstwillen der Seele
vollzogen wird, die ganz und vollkommen im Elemente des
Göttlichen gefasst sein und sich selber fassen will. Die in
lebendige Actualität übergegangene Synderesis bedeutet nur so
viel, dass der innere Seelenmensch ganz in die gottgegründete
Ordnung der Dinge sich eingefügt haben will; diese vollkommene Selbsteinfügung ist aber eben nur eine Vorbedingung
und Vorstufe der Ergreifung des Höchsten, in welches die
Seele oder der innere Seelenmensch nur unter Voraussetzung
einer vollkommenen Einfügung in die gottgegründete Ordnung
der Dinge hineingenommen werden kann. Die Ergreifung
des Höchsten vollzieht sich im Geiste, in der activen Erfassung der Gedanken des Ewigen, wodurch die Seele aus dem
Orte ihrer zeitlichen Unvollendung in den Ort ihrer ewigen

---

[1] Die Wiederaufnahme der Bezeichnung der Synderesis als Scintilla und
Apex mentis (Itin. ment., c. 1) durch Meister Eckart (unter den Be-
nennungen: ‚Funken der Seele‘, ‚hohes Gemüth‘) wird von Preger
(Geschichte d. deutsch. Mystik i. Mittelalt., Bd. I, S. 416 f.) bemerklich gemacht.

Vollendung hineinversetzt wird. Zu dieser lebendigen Hinein-
versetzung der Seele in die Gedanken des Ewigen verhält
sich die in der Synderesis sich vollziehende Erfassung der
leges justitiae nur als eine Erfassung der einschränkenden und
bestimmenden Normen des sittlichen Selbstwillens, deren ideelles
Verständniss sich eben erst in der geistigen Erfassung des
göttlichen Weltgedankens aufschliesst, also diese als Höheres
über sich hat. Demzufolge constituirt die Intelligentia oder
Weisheit eine der actualisirten Synderesis oder sittlichen Ein-
sicht und Güte übergeordnete Stufe des seelischen Geistlebens,
und trägt dieselbe aufgehoben in sich, während die Güte als
solche nicht auch schon die Weisheit in sich schliesst. Dass
der metaphysische Begriff des Urguten und der moralische
Begriff des Gerechten unter zwei von einander verschiedene
Kategorien gehören, drängte sich, vielleicht gerade im Hinblick auf Bonaventura's Ansicht von der Synderesis als apex
mentis, dem Denken des Duns Scotus auf, der freilich in ziemlich äusserlicher Weise die das sittliche Verhalten des Menschen zu sich und zur Mitwelt regelnden leges justitiae für
etwas Contingentes ansah, dessen Inhalt bei einer anderen
Welteinrichtung, als die thatsächlich vorhandene beschaffen
ist, ein ganz anderer sein könnte und sein müsste. Das Wahre
an dieser, einer mehrfachen Zurechtstellung bedürftigen Behauptung ist dieses, dass mit dem sittlichen Gedanken als
solchem nicht auch schon die Erkenntniss des Wesens der
Dinge gegeben sei; die sittliche Erkenntniss bezieht sich auf
die Wohlordnung der durch das freie Verhalten des Menschen
zu regelnden Beziehungen desselben zu sich, zu Gott und zur
Mitwelt, der Gedanke des Urguten aber gehört der Ontologie
oder Metaphysik an, und hat eine substanziale Realität zu
seinem Inhalte.

Einen solchen wesenhaften Inhalt sucht nun auch Bonaventura gleich seinen Vorgängern aus dem zwölften Jahrhundert
dem mystischen Erkennen zuzuwenden. Der diesem Bemühen
zu Grunde liegende Gedanke ist, dass Alles, was Herz und
Sinn des Menschen ergötzen kann, viel wesenhafter, reicher
und voller in der höheren Wirklichkeit, welcher der Mensch
geistig als Glaubender angehört, als in der sinnlichen Wirklichkeit des Erdendaseins gefunden werde, und dass die

Genüsse, Erfreuungen und Erquickungen der irdischen Sinne
sich nur wie Schattenbilder verhalten zu jenen höheren, geistigen, welche der Mensch im Aufstreben zum Ewigen, Himmlischen und Göttlichen erlebt und erntet. Gleich den Victori-
nern von der Betrachtung der äusseren Welt ausgehend findet
er in der Schönheit, Annehmlichkeit und Erquicklichkeit der
Sinnendinge bereits eine Spur jener Speciositas, Suavitas und
Salubritas, die in Gott als prima species in absolutem Grade
vorhanden sein müssen, woraus folgt, dass der Urquell und
die Fülle aller Erquickung in Gott zu suchen sei. [1] Die von
der Seele aufzugreifende Species des Sinnendinges ist eine in's
Raummedium (zwischen Object und appercipirendem Subject)
gesetzte Abbildung des Objectes, die in's Seeleninnere aufgenommen auf ihren verursachenden Gegenstand hinleitet und
denselben kenntlich macht. Wie der sinnliche Gegenstand ein
solches Bild seiner selbst erzeugt, so setzt auch die göttliche
Wesenheit ein Bild ihrer selbst, und projicirt dasselbe in unser
Seeleninneres, um die Seele die es in sich aufnimmt, in eine
geistige Gemeinschaft mit sich zu setzen, und in die lebendige
Erkenntniss dessen, welchen das Bild reflectirt, einzuführen.
Dieses Bild der göttlichen Wesenheit ist jene Species prima,
die als Species specierum alle Speciositas, Suavitas und Salubritas urhaft in sich vereiniget. Die Apperception dieser dreifachen Bestimmtheit aller gottgeschaffenen Dinge wird uns
bezüglich der Sinnendinge durch die Sinnesorgane vermittelt,
und zwar die Schönheit der Dinge durch die Apperceptionen
des Gesichtssinnes, die Annehmlichkeit und Lieblichkeit durch
die Sinne des Gehöres und Geruches, die Erquicklichkeit und
Heilsamkeit durch die Sinne des Geschmackes und Getastes.
Die in die Welt der Sinne versenkte Seele ist durch die Di-
stractionen und Reizungen der sinnlichen Wirklichkeit mehr
oder weniger um jenen höheren Seelensinn gebracht, mittelst
dessen sie die Fülle von überschwenglich Schönem, Lieblichem
und Erquicklichem, was eine höhere überirdische Wirklichkeit in sich birgt, zu appercipiren im Stande wäre. Dieser
höhere Sinn muss in ihr wiedererweckt und restituirt werden
in den Gnaden des christlichen Heiles durch die himmlischen

---

[1] Itin. ment., c. 2.

Tugenden des Glaubens, Hoffens und Liebens. [1] In den Er-
leuchtungen des Glaubens erschliessen sich der Seele die Herr-
lichkeiten und Harmonien einer höheren überirdischen Welt
und verklärten Wirklichkeit; sie wiedererlangt also im lebendigen Glauben, in welchem das ewige Wort als Erleuchter in
sie geht, das verlorne oder geschwächte spirituelle Gesicht und
Gehör. In den Aspirationen des einer innigsten Vereinigung
mit dem ewigen Worte entgegenstrebenden Hoffens empfindet
sie gleichsam den Duft und das Geistwehen jener himmlischen
Wirklichkeit, der sie entgegenstrebt. In der durch die Charitas vollendeten Einigung mit dem ewigen Worte hat sie die
geistige Empfindung eines Genusses, welcher mit einem unmittelbaren Berühren und Umfangen verglichen werden kann.
So soll also der innere Mensch in den Gnaden der inneren
Erneuerung zur reellsten Apperception des Unsinnlichsten und
Geistigsten disponirt werden; Bonaventura bemerkt aber selber,
dass Apperceptionen solcher Art über das Gebiet des rationell
Darstellbaren hinausfallen, und rein dem überschwenglichen
Affectleben angehören. [2] Somit sehen wir uns hier vom Boden
der rationalen Theorie in das Gebiet des subjectiven innerlichen Erfahrungslebens verwiesen, dessen Thun darin besteht,
die im christlichen Denken festgehaltene Hoffnung und Erwar-
tung einer jenseitigen verklärten Wirklichkeit durch das Mittel
der sinnlichen Vorstellung in die Gegenwart des zeitlich-
irdischen Lebens hineinzurücken, und in diesem mentalen innerlichen Vorhalte den höheren geistigen Ersatz für die freiwillig
aufgegebenen Freuden und Genüsse der irdischen Diesseitig-
keit zu gewinnen. Bernhard von Clairvaux, von dessen Geiste
Bonaventura in dieser Richtung seines Denkens augenscheinlich angeweht ist, hat für die eben charakterisirte Art meditativen Innenlebens den bezeichnenden Ausdruck: Repatriatio,
d. i. anticipative geistige Heimkehr in den himmlischen Aus-

---

[1] Itin. ment., c. 4.

[2] Omnibus sensibus recuperatis, dum sponsum suum (Christum) videt et
audit, odorat, gustat et amplexatur, decantare potest tanquam Canticum
Canticorum, quod factum fuit ad exercitium contemplationis secundum
hunc quartum gradum, quem nemo capit, nisi qui accipit, quia magis
est in experientia affectuali quam in consideratione rationali. O. c., c. 4.

gangsort der Seelen. [1] Das stoffliche Substrat und den sinnlichen Anhalt für diese Art bildlicher Vergegenwärtigung transcendenter höchster Dinge bietet, wie wir bei Richard sahen, die Bildersprache der Bibel; die geistige Berechtigung hiezu ist auf die Realität des christlichen Vollendungsideales gestützt. Wissenschaft lässt sich ein solches Thun nicht nennen; weit eher hat es innere Verwandtschaft mit der Pflege der religiösen Kunst und Poesie, die auch in der That von daher zum grossen Theile ihre Inspirationen entlehnt hat; seine eigenste Bedeutung aber ist diese eines asketischen Thuns, mittelst dessen der Idealismus des christlichen Gedankens in der Sphäre des religiösen Vorstellens und Empfindens sich durchzubilden strebte. Die rationale Psychologie hat aus der Pflege der Mystik insofern Gewinn gezogen, als sich durch dieselbe die Unzulänglichkeit der scholastisch-peripatetischen Seelenlehre zum Bewusstsein brachte; die mittelalterliche Mystik hat sich aber unvermögend erwiesen, eine andere methodisch durchgebildete psychologische Theorie an deren Stelle zu setzen. Dazu fehlte es ihr an dem Vermögen geistiger Selbstcondensirung und geistiger Selbstconcentration; in dem Anschauen höherer überirdischer Wirklichkeiten aufgehend lebte und webte sie im Bereiche vergeistigter Imaginationen, dachte aber nicht an eine geistige Loslösung des innerlichen Betrachters als denkenden Subjectes von der durch das Mittel der Imagination demselben vergegenwärtigten idealen Wirklichkeit; sie hatte etwas vom träumerischen Wesen der Blume an sich, die sich dem Lichte zuneigt und im Glanze desselben ihre Farbenpracht entfaltet, aber in dieser Vergegenständlichung ihrer selbst nicht zur Selbstbesinnung zu kommen vermag. Sie wusste und ahnte wol, was in der menschlichen Innerlichkeit verborgen liegt; aber der Selbstbegriff dieses ihres Wissens und Ahnens setzte sich aus ihr nicht heraus. Sie hatte darum auch gar nicht die Absicht und den Willen, von der Scholastik, deren geistige Kehrseite sie bildete, sich loszulösen, und sah sich erst durch

---

[1] Toties peregrinatur consideratio tua, quoties ab illis rebus (quae supra sunt) ad ista deflectitur inferiora et visibilia . . . . Si tamen ita versatur in his, ut per haec illa requirat, haud procul exulat. Sic considerare, repatriare est (De consideratione ad Papam Eugen. III, Lib. V. c. 1.).

die nominalistische Veräusserlichung der Scholastik des 14. und 15. Jahrhunderts zu einer oppositionellen Stellung gegen dieselbe hingedrängt; ihrer selbsteigenen Absicht gemäss wollte sie nur das verinnerlichte Bewusstsein des christlichen Lehrgehaltes der Scholastik sein.

Bonaventura's Mystik ist, obwol auf psychologischem Boden wurzelnd, nicht selber Psychologie, sondern spielt in das Gebiet, theils der Erkenntnisslehre, theils der christlichen Tugend- und Vollkommenheitslehre hinüber. Sie will die Wege des christlichen Denkens im Aufsteigen von der sinnlichen Wirklichkeit bis zum Höchsten und Letzten, bis zu Gott lehren, zugleich aber auch die gesammte Wirklichkeit, welche sie zum Göttlichen aufwärts steigend durchschreitet, in das Licht des lebendigen Gottesgedankens erheben. An Hugo von St. Viktor anknüpfend, welcher mit Beziehung auf die drei Wirklichkeiten: Körper, Seele, Gott, der Seele ein dreifaches Auge beilegt: Oculus carnis, rationis, contemplationis, [1] spricht auch Bonaventura von einem dreifachen Sehvermögen oder Sinnvermögen der menschlichen Seele mit Beziehung auf die äussere Sinnenwelt, das innere Selbst und auf das, was über der Seele ist. [2] Daraus ergeben sich drei Hauptstufen im Aufsteigen der Seele zum Höchsten; die denselben entsprechenden Erkenntnisse der Seele verhalten sich zu einander wie Abenddämmerung, Morgenröthe, Schauen im Lichte des hellen Mittags. Sofern nun aber weiter das specifische Erkenntnissobject einer jeden der drei Hauptstufen auf Gott als Urgrund und als Ziel der Dinge bezogen wird, gliedert sich jede derselben in zwei Stufen, und ergibt sich sonach eine Sechszahl von

---

[1] Sacram. fid. christ. I, ps. 10, c. 2. — Vgl. Bonav. Breviloq. II, 12. — Dante (Parad. XII, 133) gibt den nahen Beziehungen Bonaventura's zu Hugo bezeichnenden Ausdruck, wenn er ersteren unmittelbar nach zweien seiner Ordensbrüder Hugo als Genossen des heiligen Himmelskreises, dem er selber angehört, nennen lässt.

[2] Mens nostra tres habet aspectus principales. Unus est ad corporalia exteriora, secundum quem vocatur animalitas seu sensualitas. Alius intra se, secundum quem dicitur spiritus. Tertius est supra se, secundum quem dicitur mens. Ex quibus omnibus disponere se debet ad conscendendum in Deum, ut ipsum diligat ex tota mente, ex toto corde et ex tota anima, in quo consistit perfecta legis observatio, et simul cum hoc sapientia christiana. Itin. ment., c. 1.

Stufen; diesen fügt Bonaventura noch eine siebente als letzte,
höchste an, auf welcher angelangt die Seele der Zeit und Welt
entrückt ihren ewigen Gottessabbat feiert. In der Unterscheidung der ersten sechs Stufen, die allein eine Beschreibung
zulassen, folgt er dem Meister der Contemplation, der in dieser
Kunst nach Dante's Ausdruck über menschliches Maass hinaus-
reicht, [1] dem Richard von St. Victor, an dessen oben erwähnte
Unterweisungen über das Gebiet der Contemplation bereits
der von Bonaventura gewählte Vergleich seiner Stufen der
Aufsteigung mit der Jakobsleiter erinnert. Ein Unterschied in
der beiderseitigen Ausführung tritt zunächst insofern hervor
als Richard die drei Vermögen der seelischen Erkenntniss,
Bonaventura hingegen die drei Hauptobjecte der seelischen
Betrachtung zum maassgebenden Eintheilungsgrunde macht. Bei
Richard geben Imaginatio, Ratio, Intelligentia, jede derselben
nach einem doppelten Verhalten oder Elemente ihrer Thätigkeit
den Eintheilungsgrund ab; [2] bei Bonaventura hingegen Sinnenwelt,
Seele, Gott in der doppelten schon erwähnten Grundbeziehung auf
Gott als A und Ω der Dinge. Die Seele sucht allwärts Gott; in der
sichtbaren Aussenwelt findet sie die Spuren Gottes, in sich
selber das lebendige Bild Gottes, und in Beiden ihn selber,
dem sie zuletzt unmittelbar in ihrer Betrachtung sich zuwendet.
In der Betrachtung der Natur genügt es nicht, die Spuren der
schaffenden und wirkenden Gottheit aufzusuchen, sondern man
muss auch Gott selbst, soweit er in jenen Spuren sich offen-
bart, zu erkennen trachten. Eben so soll man in der Seele
nicht bloss das Bild Gottes, sondern ihn selbst aus seinem
Bilde zu erkennen trachten; so werden aus den zwei geschöpflichen Betrachtungsobjecten vier Stufen des Aufsteigens zu

---

[1] Vedi oltre fiammeggiar l'ardente spiro
. . . . di Ricardo,
Che a considerar fu più che viro.
Parad. X, 130—132.

[2] Sex autem sunt contemplationum genera a se et inter se omnino divisa.
Primum itaque est in imaginatione et secundum solam imaginationem.
Secundum est in imaginatione secundum rationem. Tertium est in ratione
secundum imaginationem. Quartum est in ratione et secundum rationem.
Quintum est supra, sed non praeter rationem. Sextum supra rationem,
et videtur esse praeter rationem. Duo igitur sunt in imaginatione, duo
in ratione, duo in intelligentia. Benj. maj. I, 6.

Gott gewonnen. Von der Betrachtung der Natur auf die der
Seele übergehend, geht der Betrachter aus dem Vorhofe des
Heiligthums in das Heiligthum selber ein; in das Allerheiligste
aber tritt er ein, wenn die Betrachtung unmittelbar Gott selber
sich zuwendet. Und hier ist wieder Gott zuerst in der Einheit seines ungeschaffenen Wesens als der absoluten ursäch-
lichen Voraussetzung alles Geschaffenen zu betrachten, sodann
als das absolute Urgute in der Dreiheit der Personen, in deren
Sein und Wirken der Begriff des Guten als des Diffusivum
sui ipsius absolut verwirklicht ist. Der Sechszahl der hiemit
aufgewiesenen Betrachtungsstufen entspricht die Sechszahl der
cognoscitiven Seelenvermögen in aufsteigender Ordnung: Sensus, Imaginatio, Ratio, Intellectus, Intelligentia, Synderesis. Wir
werden nicht irren, wenn wir die Synderesis als oberen Gegenpol des untersten Vermögens, des Sensus, gleichfalls als Sinn
und Gefühl, aber natürlich im geistigsten Sinne, als Sinn und
Gefühl der Seele an sich nehmen. Diese Auffassung be-
wahrheitet sich durch Alles, was im Vorausgehenden über
Bonaventura's Seelenbegriff beigebracht wurde; sie stimmt zu
seiner Annahme einer Zusammensetzung der Seele aus Materie
und Form, zu seiner Anschauung vom vorwiegend receptiven
Wesen der menschlichen Vernunft, so wie von der Vollendung
der Seele in der Liebe als Höchstem, worin sie in Gott aufgeht;
sie erklärt uns endlich auch die vorausgehend schon erwähnte
Analogisirung der höheren überirdischen Seelenapperceptionen
mit den sinnlich-leiblichen Apperceptionen, wo gleichfalls die
niederste der Sinneswahrnehmungen, jene durch das Getast,
ihren Gegenpol in der analogisch aufgefassten höchsten geistigen Seelenapperception hat. Wir sehen also bei Bonaventura das intellectuelle Gefühl zum innersten Mittelpunkte des
höheren Seelenlebens gemacht; und darin sind der Hauptsache
nach die Abweichungen begründet, welche seine den Betrachtungen Richards nachgebildete Beschreibung des Weges der
Seele zu Gott aufweist. Bonaventura zeigt sich im Unterschiede
von Richard durchwegs als die weichere, gefühlvollere Natur,
die allwärts nach Rundung und Harmonisirung strebt, während
bei Richard ein inquisitives Eingehen in den Gegenstand unter
möglichst erschöpfender Analyse desselben eine sehr energische
Verstandesthätigkeit erkennen lässt. Richard sieht in der zeit-

lichen Erfahrungswirklichkeit, in welche die denkhafte Menschenseele versetzt ist, ein an Erkenntnissschätzen reiches
Feld, welches er nach allen Seiten aufzuackern und ·für die
geistige Anregung des inneren gottsuchenden Menschen nutz-
bar und fruchtbar zu machen sucht. Das Materiale für diese
Art von religiös-meditativer Weltbetrachtung wurde ihm wol
zumeist durch die encyclopädischen Arbeiten seines Lehrers
und Freundes Hugo von St. Victor geliefert, dessen Geistes-
arbeit er zu Zwecken der Verinnerlichung des denkenden Erfahrungslebens weiter zu führen bemüht war. Betreffs der
Subsumtion des stofflichen Erfahrungswissens unter die von
Richard unterschiedenen Erkenntnissstufen muss festgehalten
werden, dass auf jeder derselben die schauende Seele als ganze
in den Gegenstand der Betrachtung sich versenkt, und das
besondere cognoscitive Vermögen, durch welches die bestimmte
Stufe charakterisirt ist, nur das besondere Medium bedeutet,
mittelst dessen die schauende Seele das Object percipirt. So
ist das Erkenntnissmedium der ersten Betrachtungsstufe allerdings nur die Imagination; insofern aber die gesammte Wirklichkeit des menschlichen äusseren Weltdaseins, wie sie nicht
bloss in der Natur, sondern auch im Menschheitsleben gegeben
ist, eine sinnefällige Wirklichkeit ist, ist sie in dieser ihrer
Sinnefälligkeit auch als ganze Betrachtungsgegenstand für die
durch das Medium der Imagination schauende Seele. Das Medium der zweiten Stufe ist abermals die Imagination, aber unter
Zuhilfenahme des ratiocinativen Denkens, mittelst dessen Ursache, Seinsweise, Wirkung, Nutzen und Zweck der Objecte
der menschlichen Erfahrungswelt erkannt werden soll. Auf der
dritten Stufe ist die Vernunft oder Ratio, soweit sie in die
Imaginationswelt eingeht, specifisches Erkenntnissmedium, und
das specifische Thun der contemplirenden Seele die Erkenntniss
der übersinnlichen Welt und Wirklichkeit aus ihren in der
sichtbaren Wirklichkeit ausgedrückten Bildern und Gleich-
nissen. Die vierte Erkenntnissstufe, auf welcher die Seele ganz
nur im Medium der Vernunft (in ratione secundum rationem)
contemplirt, hat die unkörperlichen und unsichtbaren Wesen:
Mensch und Engel nach deren Beziehung zu Gott als Schöpfer
und Urziel ihres Seins zum Betrachtungsgegenstande. Das
Erkenntnissmedium der fünften und sechsten Stufe ist die

4*

Intelligentia in Bezug auf Objecte, welche supra rationem, und auf der letzten Stufe sogar praeter rationem sind. Dieses super und praeter rationem soll indess einfach nur die überschwengliche geistige Höhe des Göttlichen als solchen andeuten, welches auf dieser letzten Stufe unmittelbarer Gegenstand der Contemplation ist; dass Richard jene Höhe nicht für eine solche hält, welche dem Denken unerreichbar wäre, bekunden seine Bücher de Trinitate, die eine eben so sinnreiche als gemüthstiefe psychologische Deutung und Dollmetschung des dreieinen seligen Lebens Gottes und seiner immanenten Fülle und Glorie bieten. Eher könnte man fragen, ob die sechs von Richard unterschiedenen Stufen sich sachlich so auseinanderhalten lassen, wie er es thut, und ob nicht die abstract theoretische Auseinanderhaltung derselben ihn zu Inconvenienzen und Härten im Urtheile über psychologische Leistungen der vorchristlichen Zeit, welche er den beiden untersten Stufen zuweist, verleite; Akademiker, Peripatetiker, Stoiker kommen hiebei (als Skeptiker und Naturalisten) übel weg, der Mangel an christlicher Erleuchtung in Erforschung dessen, was sie zum Gegenstande ihrer Untersuchung machten, wird in der siegesfrohen Freude über die im Lichte der christlichen Wahrheit gewonnene Erkenntniss und Zuversicht zum Gegenstande unbilligen Tadels gemacht. So tief nun aber auch Richard die kosmische Erkenntniss der sich selbst überlassenen Vernunft herabdrückt, und wie hoch er andererseits dieselbe Vernunft im Erkennen der göttlichen Dinge über sich erhoben werden lässt, so ist und bleibt es bei ihm die Seele, welche erkennt oder zum Erkennen berufen ist, also auch das Vermögen hiezu in sich haben muss; es würde sich also darum gehandelt haben, dass dem gradweisen Aufsteigen zum Höchsten auch eine in dem Maasse fortschreitende Vertiefung und Verinnerlichung des Seelenbegriffes entsprochen hätte, die in Bezug auf die cognoscitiven Fähigkeiten der gottesbildlichen Seele schliesslich doch nur bei dem Vermögen der activen schöpferischen Ideenproduction anlangen kann. Statt dessen spricht aber Richard nur von einem intellectuellen Sinne, [1] der als solcher an die Innerung

---

[1] Intelligentiae oculus est sensus ille, quo invisibilia videmus, non sicut oculo rationis, quo occulta et absentia per investigationem quaerimus et

der gegenständlichen Wirklichkeit angewiesen ist und sich dieser gegenüber nur empfangend verhalten kann. So rächt sich die platonisirte Gleichstellung der menschlichen Seele mit dem leiblosen Engel durch ein Nichtsehen dessen, was in Wesen und Begabung der im kosmischen Range unter dem reinen Geiste stehenden Menschenseele liegt. Die Seele des zeitlichen Erdenmenschen ist nach Richard ein Engel mit erlahmten Flügeln, deren Flugkraft durch die christliche Erneuerung der Seele wiederhergestellt werden muss. [1] Und zwar ist sie gleich den Cheruben der Ezechielischen Vision mit einem doppelten Flügelpaar versehen, deren unteres sie zu jenem Fluge befähiget, aus dessen Höhe sie durch das Medium der beiden ersten Erkenntnissstufen klar und richtig sieht; das zweite Paar aber verhilft ihr zum richtigen Sehen durch das Medium der zwei mittleren Erkenntnissstufen. In Bezug auf das dritte Flügelpaar aber, welches ihr Richard für die Erschwingung der Erkenntnisse der letzten Stufen zu Theil werden lässt, lässt sich wol die Frage nicht umgehen, ob der Ansatz zu denselben nicht doch auch im Organismus des menschlichen Seelenwesens enthalten sei?

Das Bild von den sechs Flügeln der contemplirenden Seele hat auch Bonaventura adoptirt, nur dass er demselben eine specielle Beziehung auf eine für ihn als Jünger des seraphischen Franciscus hochheilige Erinnerung gibt. [2] Die Aus-

invenimus, sicut saepe causas per effectus, vel effectus per causas, et alia atque alia quocunque ratiocinandi modo comprehendimus. Sed sicut corporalia corporeo sensu videre solemus invisibiliter, praesentialiter et corporaliter, sic utique intellectualis ille sensus invisibilia capit, invisibiliter quidem sed praesentialiter, sed essentialiter. Sed habet sane oculus hic intellectualis ante se velum magnum expansum ex peccati delectatione fuscatum, et tot desideriorum carnalium varia multiplicitate contextum, quod contemplantis intuitum a divinorum secretorum arcanis arceat, nisi quantum divina dignatio quemlibet pro sua aliorumve utilitate admiserit. Benj. maj. III, 9.

[1] Benj. maj. I, 10.

[2] Contigit, ut nutu divino, anno post ipsius beati patris (Francisci) transitum trigesimo tertio ad montem Alverniae tanquam ad locum quietum, amore quaerendi pacem spiritus declinarem, ibique dum mente tractarem aliquas mentales ascensiones in Deum, inter alia occurrit miraculum, quod in praedicto loco contigit ipsi beato Francisco, de visione videlicet

führung des meditativen Inhaltes der sechs Betrachtungsstufen unterscheidet sich von jener Richards dadurch, dass sie auf jeder derselben unmittelbar die Erkenntniss Gottes zu ihrem Gegenstande hat; Erkenntniss Gottes aus der sichtbaren Natur, aus der gottesbildlichen Menschenseele, Erkenntniss Gottes in seinem eigenen Sein und Wesen — dies sind die drei auf einander folgenden Hauptstufen der Gotteserkenntniss, deren jede, wie schon bemerkt, sich in zwei besondere Stufen gliedert. Auf der ersten Hauptstufe ist die sichtbare Welt, auf der zweiten die gottesbildliche Menschenseele das Medium der Gotteserkenntniss, auf der dritten wird der Gottesgedanke als solcher zum Gegenstande der Meditation. Auf der ersten Hauptstufe der Betrachtung langt das menschliche Denken zuhöchst bei der göttlichen Ideenwelt an, auf der zweiten zuhöchst bei der im Elemente des Göttlichen lebenden und webenden himmlischen Geistkirche, auf der dritten Hauptstufe versenken sich Sinn und Gedanke unmittelbar in's Göttliche selber. Mit Sinn und Gedanke Gott suchen, kann man als die specifische Signatur dieser Betrachtungen bezeichnen. In der sichtbaren Wirklichkeit haben Sinn und Gedanke die Spuren Gottes zu erspüren, und aus ihnen Gott selbst zu erkennen. Damit ergeben sich die zwei Unterglieder der ersten Hauptbetrachtung, oder die zwei ersten aus den sechs Stufen. Auf der untersten Anfangsstufe bleiben nach Bonaventura Sinn und Gedanke noch bei der äusseren Wirklichkeit stehen, auf der zweiten Stufe wird die äussere Wirklichkeit in's Seeleninnere hineingenommen. Die äussere Wirklichkeit als solche unterliegt der dreifachen Beurtheilung der inquisitiven Untersuchung, der gläubigen Betrachtung und der intellectuellen Contemplation, und wird unter jeder dieser drei Auffassungsweisen zu einem Spiegel der Macht,

---

Seraphini alati instar crucifixi. In cujus consideratione statim visum est mihi, quod visio illa praetenderet ipsius patris nostri suspensionem in contemplando, et viam, qua pervenitur ad eam. Nam per senas alas illas recte intelligi possunt sex illuminationum suspensiones, quibus anima quasi quibusdam gradibus disponitur, ut transeat ad pacem per ecstaticos excessus sapientiae christianae . . . . Effigies igitur sex alarum seraphicarum insinuat sex illuminationes scalares, quae a creaturis incipiunt et perducunt usque ad deum, ad quem nemo intrat recte nisi per Christum. (Itin. ment., Prooem.)

Weisheit und Güte ihres Urhebers. In Sinn und Gedanke des menschlichen Beschauers verinnerlichet zeigt sie uns Gott selbst als den durch seine Wesenheit und durch sein Machtwirken in den Dingen Gegenwärtigen. Die Immanenz Gottes in den Creaturen (von Bonaventura als dreifaches Esse Dei in rebus per essentiam, potentiam et praesentiam bestimmt), bekundet sich in dem contemplativen Verständniss der drei Acte der successiven psychischen Innerung der äusseren Weltwirklichkeit: Apprehensio, Delectatio und Dijudicatio. Die psychische Apprehensio des sinnlichen Objectes ist durch das von demselben in's Raummedium projicirte Bild ermöglichet; die Selbstabbildung des Objectes im Raummedium hat ihr causatives Urbild in der Strahlung, mittelst welcher die leuchtende göttliche Urwesenheit ein allerfüllendes Bild ihrer selbst setzt. Und wie die Berührung des Auges durch das Bild des sinnlichen Objectes die Seele auf dieses hinlenkt, so wird die Seele mittelst der inneren geheimnissvollen Berührung durch die lebendige Gottesstrahlung, in welcher die göttliche Wesenheit sich selber abbildet, auf den lebendigen Grund dieser Strahlung hingelenkt. Die in der psychischen Delectatio appercipirte Erfreuungskraft der Sinnendinge weiset auf eine causative urhafte Speciositas, Suavitas und Salubritas hin, die mit der prima species oder der Licht und Leben strahlenden göttlichen Urwesenheit identisch sein muss, und in der Macht ihrer Allgegenwart die Schönheit, Lieblichkeit und Heilsamkeit der Sinnendinge zu einem blossen Schatten ihrer selbst herabsetzt. Der durch die Dijudicatio erkannte Grund der Schönheit, Lieblichkeit und Heilsamkeit der Sinnendinge liegt in der proportio aequalitatis; diese weist durch sich selbst auf eine absolute ratio rerum hin, die ihre Allgegenwart und Macht in den Dingen als ars aeterna, in unserem Denken aber als untrügliche Denk- und Wahrheitsnorm bekundet. So ist Sein, Leben und Denken der Creatur von der Allgegenwart des göttlichen Seins und Wirkens durchherrscht und gibt der von ihrem lebendigen Hauche angewehten Contemplation der in's Seeleninnere aufgenommenen kosmischen Wirklichkeit den sie durchwaltenden Ewigen in seinem eigensten Wesen kund.

Fragen wir nach dem philosophischen Gedankengehalte dessen, was sich als Ergebniss der christlich-religiösen Naturbetrachtung Bonaventura's absetzt, so muss wol einfach gesagt werden, dass derselbe sich lediglich auf eine Hervorhebung der bereits von Augustinus betonten rhythmisch-musikalischen Verhältnisse der sichtbaren Schöpfung beschränkt. Da nun aber Bonaventura in eine Darlegung dieser Verhältnisse nicht eingeht, so erfahren wir gar nichts von dem, was die Natur an sich ist; er sagt uns nichts anders, als dass sie ein Complex von Kräften und Verhältnissen ist, die zuhöchst aus ihrer Beziehung auf Gott verstanden sein wollen. Dass sie wirkliche, von ihrer producirenden Ursache verschiedene Realität sei, haben wir bereits oben vernommen, wo wir hörten, dass sie wie alles Geschaffene einen gottgesetzten Materialgrund ihrer Existenz habe, dem auch vom Anfange her eine Mannigfaltigkeit von Keimen (rationes seminales) zur Production der Sonderdinge eingeschaffen worden sei. In Folge der aus diesen diversen Keimursachen hervorgegangenen mannigfaltigen Gestaltungen und Sonderbildungen des Stoffes nimmt sich die sichtbare Naturwirklichkeit wie ein buntgewirkter Teppich voll sinnvoller Zeichen und Figuren aus, die in ihrer wundervollen Mannigfaltigkeit alle etwas andeuten, was die sichtbare Natur selbst nicht aussprechen kann, was aber im sinnigen Geiste des menschlichen Beschauers aufgegriffen und gedeutet werden soll. Wie aber, wenn dieser das durch die Natur räthselhaft Angedeutete einstens in Gott selbst schaut, hat dann die Natur noch irgend einen weiteren Zweck zu erfüllen, der ihren Fortbestand rechtfertigen würde? Bonaventura anerkennt die sichtbare Wirklichkeit nur insoweit, als der christliche Glaube ihn verpflichtet und das irdische Erfahrungsbewusstsein ihn nöthiget, sie anzuerkennen. Eine perpetuirliche Realität derselben lässt sich nur unter der Voraussetzung erweisen, dass in ihr die Verwirklichung eines göttlichen Gedankens aufgewiesen wird, der das denknothwendige Correlat zu der göttlichen Idee des Menschen und der reinen Geister constituirt. Einen solchen Gedanken aufzuweisen, lag aber Bonaventura ferne; die eigenthümliche Fassung seiner Logos- und Ideenlehre schliesst ein derartiges Vorhaben von vorneherein aus. Bonaventura stellt eine Pluralität der Ideen in Gott in Abrede;[1] die Ideen drücken als göttliche Gedanken nur die vielfältigen Beziehungen der

---

[1] Sentt. I, dist. 35, art. 1, qu. 2.

Einen Wahrheit, die Gott selbst ist, zu den vielen und mannigfaltigen Dingen aus. Damit will im Gegensatze zu einem
älteren metaphysisch dichtenden Platonismus, der die Urbilder
der Dinge als subsistente Realitäten nahm, die absolute Einheit des göttlichen Wesens gewahrt werden; zugleich aber
wird damit Gott als das absolute Maass der in ihrer unermess-
lichen Mannigfaltigkeit und Vielheit schlechthin durch ihre Beziehung auf ihn bestimmten Dinge hingestellt. Die eigenthümlichen Wesensbeschaffenheiten der mannigfaltigen Arten und
Classen der Dinge erscheinen bei dieser Auffassungsweise der
Ideen in Gott als etwas ziemlich Indifferentes; es handelt sich
da ausschliesslich nur um Festhaltung dessen, dass die Dinge
in ihrem Sein und Wesen durch ihr Verhältniss zur absoluten
göttlichen Wesenheit bestimmt sind, nicht aber um das Was
der ihnen durch jenes Verhältniss ertheilten Bestimmtheit. Wir
sehen uns hiemit auf einen abstract metaphysischen Standpunkt
versetzt, der es zu einer Deduction des concreten Inhaltes der
göttlichen Weltidee aus der lebendig erfassten Idee des göttlichen Wesens nicht kommen lässt. Er hatte eine relative Berechtigung gegenüber der Meinung, dass für jede der besonderen Arten, Gattungen und Existenzformen der sinnlichen
Einzelwesen, in deren Gesammtheit sich doch nur der Gedanke
der Einen Naturwirklichkeit explicirt, eine besondere Idee zu
setzen wäre, während in denselben nur die besonderen Mo-
mente der sich real explicirenden Idee zur Erscheinung und
zum Ausdrucke gelangen; ein metaphysisches Denken aber,
welches bei dieser Negation stehen bleibt, ohne sich vermögend
zu fühlen, der verfehlten, ungeistigen Auffassung der Ideen-
mehrheit in Gott die geistige, organisch-lebendige zu substi-
tuiren, erweist sich in speculativer Beziehung unfruchtbar und
unvermögend zur Erzeugung eines philosophischen Weltbegriffes.
Die speculative Scholastik ist auf dem Höhenpunkte ihrer Ent-
wickelung nicht darüber hinausgekommen, in dem Weltganzen
ein nach den mannigfaltigsten Arten und Graden der Darstell-
barkeit des Endlichen diversificirtes Ganzes zu sehen; auch in
dieser Auffassung der Weltidee beharrt das Denken noch in
einer von den grundhaften Gegensätzen des kosmischen Seins
und deren realer Vermittelung im Menschen abstrahirenden Allgemeinheit, auf deren Standpunkte auch die dem christlichen

Denken nahegelegte kosmologische Bedeutung des göttlichen
Urternars nicht zu erfassen ist. Bonaventura bringt wol den
kosmologischen Reflex der göttlichen Dreieinheit in seinem
Itinerarium mentis oft genug zur Sprache, und findet ihn sowol in der gottgeschaffenen Wirklichkeit als auch in den menschlichen Gedankenverhältnissen auf das vielfältigste ausgedrückt;
indess sind die vielen von ihn aufgewiesenen Dreiheiten mit
Ausnahme jener Einen psychologischen, die zuerst Augustinus
als Reflex der göttlichen Dreieinheit in der gottebenbildlichen
Menschenseele zur Sprache gebracht hatte, blosse Gedanken-
spiele, in welchen Bonaventura's Lieblingsgedanke von einem
die gesammte Schöpfung durchherrschenden Numerus und Rhyth-
mus sich einen Ausdruck zu schaffen suchte, und können als
solche einen wissenschaftlichen Werth nicht beanspruchen.
Eine höhere dianoetische Bedeutung ist solchen trilogischen
Schemen nur dann zuzuerkennen, wenn sie auf ein sie durch-
herrschendes dialektisches Grundgesetz zurückweisen, und in
Folge dessen auch unter sich selbst in inniger Wechselver-
schlingung ein lebendiges unzerreissbares Ganzes bilden. Ein
derartiges dianoetisch ausgebildetes Gedankensystem als Welt-
system ist nur auf dem Standpunkte einer concret durchgebil-
deten kosmischen Universalanschauung möglich, welche in der
lebendigen Weltentwicklung die dialektische Verwirklichung
eines den göttlichen Selbstgedanken reflectirenden Weltgedankens
erschaut. Daran ist aber bei dem Verharren auf einem abstract
metaphysischen Standpunkte, auf welchem nur mit den Begriffen von Sein, Wesen und Substanz operirt wird, und die
Würdigung der Weltdinge bei deren Verhältniss zu jenen Begriffen stehen bleibt, nicht zu denken; man kommt auf diesem
Standpunkte eben nur zur Unterscheidung jener drei Seinsstufen, mit deren Zergliederung Bonaventura sich befasst, und
von welchen die beiden unteren selbstverständlich nur nach ihrer
Bedeutung als Vorstufen des göttlichen Seins gewürdiget werden.
Der metaphysische Gehalt der Denkart Bonaventura's tritt
mit vollkommener Klarheit bei der Darlegung seiner Betrach-
tungsergebnisse auf der dritten der von ihm unterschiedenen
sechs Erkenntnissstufen hervor. [1] Er untersucht da, in welcher

---

[1] Itin. ment., c. 4.

Weise die menschliche Seele in ihren drei Grundvermögen
Memoria, Intellectus, Voluntas ihrer Natur nach auf Gott bezogen sei, und findet in der Memoria die Bezogenheit auf das
Ewige als solches, im Intellectus die Bezogenheit auf das
Wahre als solches, in der Voluntas die Bezogenheit auf das
höchste Gut als solches. Mit dem Begriffe des Ewigen fliesst
der Begriff des ewig Wahren zusammen, soweit dieses mit
bestimmten apriorisch feststehenden Principien und Regeln des
judicativen Denkverfahrens zusammenfällt. Diese Principien
sind indess rein formaler Natur, und bezeichnen lediglich nur
gewisse Denknothwendigkeiten, in welchen Bonaventura wegen
ihrer absoluten Unabänderlichkeit einen Beleg der Präsenz
des unwandelbaren göttlichen Wahrheitslichtes im Menschen-
geiste sieht. Den Realinhalt des menschlichen Wahrheitsden-
kens constituirt das Seiende als solches, dessen Gedanke die
stillschweigende Voraussetzung jeder Erkenntniss einer bestimmten Art des Seienden ist. Auch diese Erkenntniss kann zufolge
ihrer Zurückbeziehung auf den in ihr vorauszusetzenden Gedanken des absoluten Seins nur unter Mitwirkung desselben zu
Stande kommen. [1] Das Sein als solches hat zu seinem wesentlichen Prädicaten: Unitas, veritas, bonitas. Daraus folgt, dass
das absolut Seiende das absolut Eine, absolut Wahre, absolut
Gute sei. Das creatürliche Sein ist im Unterschiede vom absoluten mit Mangel und Defect behaftet; die Kategorien dieser
Mängel und Defecte sind Eingränzung, Unvollendung, Potenzialität (im Gegensatze zur Actualität), beziehungsweises Sein,
Particularität, Vergänglichkeit, Causirtsein, Getragensein, Ver-
änderlichkeit, Zusammengesetztheit — lauter Eigenschaften,
durch welche wol die metaphysische Location des bestimmten
creatürlichen Seins, die Stufe, die es in der Reihe der Wesen
von der niedersten Seinsstufe bis zur höchsten hinan einnimmt,
nicht aber sein specifisches Wesen als solches erkannt wird. Dasselbe ergibt sich aus Bonaventura's Auffassung des ratiocina-

---

[1] Cum privationes et defectus nullatenus possint cognosci nisi per posi-
tiones, non venit intellectus noster ut plene resolvens intellectum alicujus
entium creatorum, nisi juvetur ab intellectu entis purissimi, actualissimi,
completissimi et absoluti, quod est simpliciter et aeternum ens, in quo
sunt rationes omnium in sua puritate. Itin. ment., c. 3.

tiven Processes als Abschattung der Aufeinanderbeziehung und
Zusammenordnung der Weltdinge in der ars aeterna des göttlichen Denkens. Für Bonaventura bleibt auch hier die Hauptsache,
dass die ratiocinative Thätigkeit des menschlichen Verstandes
in das göttliche Denken eingerückt ist und die zwingende Kraft
der logischen Folgerungen im Lichte der göttlichen Wahrheit
erkannt wird. Gott ist sonach die geistige Sonne, in deren Lichte
alles Wahre und Gewisse als wahr und gewiss erkannt wird.

Im Ganzen treffen wir diese Anschauung auch bei Thomas Aquinas, jedoch so, dass hinsichtlich der Erkenntniss der
Weltdinge auf die Thätigkeit des Intellectus agens entschieden
mehr Gewicht gelegt wird, und die Erkenntniss der Species
der Sinnendinge als eine active geistige Ergreifung des Wesens
der Einzeldinge gefasst wird. Allerdings wird auch hier das
Idealdenken vom begrifflichen Denken gewissermassen noch
unter Verschluss gehalten, ist aber doch wenigstens latenter
Weise in demselben enthalten, obwol es sich auf dem Standpunkte der speculativen Scholastik, deren Denken durchwegs
in die gegenständliche Wirklichkeit versenkt ist, nicht als eine
vom begrifflichen Denken gesonderte geistige Selbstmacht ent-
falten kann. Bei Bonaventura aber ist der intellectus agens überhaupt nur in soweit anerkannt, als dem Menschen nicht das Selbst-
denken abgesprochen werden soll; wenn er auch ausschliesslich im
Lichte der göttlichen Wahrheit erkennt, so soll er doch wenigstens selber es sein, der in diesem Lichte sieht und erkennt.

Bonaventura beruft sich für diese seine Anschauungsweise auf die Auctorität des heiligen Augustinus, und kann es
mit vollem Rechte thun, da sich seine erkenntnisstheoretischen
Lehren mit jenen Augustins in der That fast decken. Wir
wollen indess bei diesem Punkte nicht verweilen, sondern uns
vielmehr fragen, wie Bonaventura's erkenntnisstheoretische Anschauungen sich zu den philosophisch ausgebildeteren des freilich weit späteren Malebranche verhalten, der gleichfalls auf
seine Uebereinstimmung mit Augustinus so grosses Gewicht
legt. Malebranche hat die Cartesische Philosophie hinter sich,
und steht auf dem Grunde derselben, daher er Sinn und Ein-
bildungskraft nicht als Bezugsquelle von Erkenntnissen, sondern
als blosse Gelegenheitsursachen der Entstehung geistiger Erkenntnisse ansieht, deren Perceptionsmedium für die mensch-

liche Seele Gott selbst ist; als treuer Jünger des Cartesius
lässt er aber auch die sinnliche Apperception durch göttliche
Causalität vermittelt werden, spricht ihr indess als blosser Ge-
legenheitsursache der geistigen Apperception jeden objectiv
giltigen Erkenntnissinhalt ab. Die Betonung der reinen Subjec-
tivität der sinnlichen Empfindung gehört der neueren Philosophie an, und ist der speculativen Scholastik, auf deren Boden
auch Bonaventura steht, fremd; eben so der Gedanke von
Gott als alleinzigen Beweger, welcher in Malebranche's Erkenntnisslehre mit dem Gedanken von Gott als absolutem Mitt-
ler unseres menschlichen Erkennens combinirt wird. Im Gegen-
theile spricht sich bei Bonaventura ein recht entschiedenes
Bewusstsein der Naturlebendigkeit aus, welches ihn von einer
materia plena formis, von formis plenis virtute, von virtutibus
plenis effectuum sprechen lässt. [1] Eben so unbefangen fasst er
den lebendigen unmittelbaren Zusammenhang zwischen den
Menschen und der äusseren Naturwelt auf, und lässt durch
die Sinne die gesammte äussere Weltwirklichkeit in's seelische
Innere eingehen, ohne gegen die Objectivität der Sinneswahrnehmung irgend ein Bedenken zu haben. Er steht also in
diesen Beziehungen auf dem Standpunkte des unbefangenen
Erfahrungsdenkens, das er zunächst nur insoweit überschreitet,
als er die metaphysische Realität des Sinnlichen möglichst ex-
tenuirt, wodurch er zugleich auch das durch seine christliche
Ueberzeugung geforderte ethische Verhalten des Menschen zur
sinnlichen Wirklichkeit rational zu begründen bestrebt ist.
Weiter aber geht er über das unbefangene unmittelbare Erfahrungsdenken dadurch hinaus, dass er Gott der Kraft und
dem Wesen nach in den geschaffenen Dingen gegenwärtig sein
lässt; woraus von selbst folgt, dass, wie Leben und Thätigkeit
der Dinge insgemein, so auch die sinnliche menschliche Apperception der sichtbaren Wirklichkeit sich unter göttlicher Mitwirkung oder im Thätigkeitselemente der causa prima vermitteln muss. Wenn er die harmonischen Verhältnisse der
sichtbaren Wirklichkeit sich als musikalische Numeros denkt,
so ist diess nicht bloss der platonisch-augustinischen Denkart
gemäss, sondern steht auch in Uebereinstimmung mit der Car-

---

[1] Itin. ment., c. 1.

tesischen Naturlehre, die das Wesen und den Grund des Schönen
wol ausschliesslich in den durch Mass und Zahl bestimmten
Verhältnissen der schönen Erscheinung zu suchen hat. Die
Annäherung scheint noch grösser zu werden, wenn wir bei
Malebranche auf dieselben abstract metaphysischen Kategorien:
Wesen, Allgemeinheit, Nothwendigkeit, Particularität, Contin-
genz, wie bei Bonaventura stossen. Gleichwol darf man sich
den immerhin bedeutsamen Unterschied der beiderseitigen Denk-
weisen nicht verhehlen. Für Malebranche, dem der Inhalt der
Sinneswahrnehmung keine objective Wahrheit hat, kann es
keinen intellectus agens geben, der den geistigen Gedanken
des Dinges aus der sinnlichen Wirklichkeit desselben heraus-
zöge; eben so wenig gibt er zu, dass ihn die Seele aus sich
selbst hervorstellte; also schaut sie ihn in Gott, der ihn ihr
in der durch die besondere subjective Sinnesaffection bestimmten Art und Determination zeigt. Der Gedanke eines bestimmten Dinges ist nichts anderes, als die individuelle Determination der sogenannten intelligiblen Ausdehnung, die den
im göttlichen Denken vorhandenen Archetyp alles Körperlichen
oder Ausgedehnten bedeutet; denn Ausdehnung und Körperlichkeit besagen in der Cartesischen Philosophie dasselbe, da in
ihr das Wesen der Körperlichkeit in der Ausdehnung besteht.
Ob in der Annahme eines Archetyps aller Körperlichkeit in
Gott nicht ein Lapsus des metaphysischen Denkens vorliege,
wollen wir hier nicht weiter untersuchen; jedenfalls hat sich
in der Fassung, welche Malebranche dieser Annahme gegeben
hat, seinem metaphysischen Denken eine mathematische Anschauung unterschoben, und der Grund dessen ist doch in der
unlebendigen Abstractheit seines metaphysischen Denkens zu
suchen. Die Fusion des metaphysischen Denkens mit dem
mathematischen ist indess nicht zu vermeiden, wo die lebendigen Principien der Welterklärung, d. h. die Ideen als dem
Weltganzen immanente göttliche Wirkungsmächte, nicht anerkannt werden. Bonaventura weiss nur von den der Materie
eingeschaffenen rationes seminales der Einzeldinge, aber nicht
von Gesammtideen, die im Weltganzen verwirklichet sind oder
ihrer Verwirklichung zustreben; und selbst die rationes seminales als Formprincipien der Sinnendinge werden von ihm
nicht so sehr als plastische Principien, denn vielmehr nur als

Wirkungsprincipien, als Macher der Sinnendinge gewürdiget,
wie aus seiner Zurückführung des Wesensgedankens der Sinnendinge auf lauter Numeros erhellt. Malebranche steht als Carte-
sianer durchgehends auf dem Boden der mechanistisch-mathe-
matischen Welterklärung, und lässt alles kosmische Geschehen
durch unmittelbar von Gott ausgehende Bewegungen bewirkt
werden; es gibt sonach gar keine immanenten Erklärungs-
principien des kosmischen Geschehens, dieselben müssen unmittelbar in Gott selbst gesucht werden, demnach auch die
Gedanken der Dinge in Gott geschaut werden. Die Nöthigung,
die Seele die Gedanken der Dinge in Gott schauen zu lassen,
entspringt für Malebranche unmittelbar schon aus seiner Auffassung der kosmischen Location der Seele, die nur zu Gott
in einem unmittelbaren Verhältniss, zur Körperwelt aber nur
in einem durch Gott vermittelten Verhältniss steht; die Welt
der Körper ist ihr an sich völlig fremd, die sinnliche Wahrnehmung bekundet ihr nur das Dasein derselben, die in ihnen
ausgedrückten Gedanken aber schaut sie in Gott, der für sie
als denkhafte Natur ihr natürlicher Ort ist. Unter dem geistigen Gedanken des Dinges versteht Malebranche das Unver-
änderliche und Allgemeine, was im Dinge ausgedrückt ist, und
unterscheidet davon das Sinnliche, Particuläre und Zufällige,
dessen Wahrnehmung unserer Empfindung angehört. Dieses
Auseinanderreissen zweier Seiten des Sinnendinges bekundet
durch sich selbst, dass für Malebranche der Gedanke des Concreten, der eben in der sachlichen Unlöslichkeit und Coalescenz
jener beiden Seiten besteht, keine Geltung hat; der Gedanke
des Concreten hebt sich bei Preisgebung des Gedankens pla-
stischer Formprincipien von selbst auf. Auf dem von Bonaventura eingenommenen Standpunkte lässt sich der Begriff der
Concretheit immerhin noch festhalten, ja in der von ihm vertretenen Fassung der Lehre von Materie und Form sind die
Unterlagen zu einer philosophischen Durchbildung des Begriffes des Concreten, soweit dieser überhaupt auf scholasti-
schem Standpunkte darstellbar ist, in allen seinen Abstufungen
enthalten, indem das unlösliche Verhältniss von Stoff und Form
in den Menschenseelen und Engeln die vollkommene Concretion
von Stoff und Form, also die vollkommen realisirte Concretheit, die trennbaren Concretionen der rein sinnlichen Einzel-

wesen aber, in welchen das Stoffliche das Uebergewicht über
die von ihm abtrennbare Form behauptet, einen niederen un-
vollkommenen Grad von Concretion darstellen, einen noch
minder vollkommenen die sogenannten Elementarkörper, welche
die Unterlage und den Stoff für die mannigfaltigen Gestaltungen
der epitellurischen Gebilde und Existenzen darbieten. Freilich
müsste behufs vollkommener Durchbildung des Begriffes der
Concretheit bis zum Gedanken der absoluten Concretheit, die in
der Substanz der göttlichen Wesenheit gegeben ist, vorge-
schritten werden, was aber überhaupt nicht im Sinne der speculativen Scholastik lag, und zu einer vollständigen Umbildung
ihres Denkstandpunktes hätte führen müssen, wie eine solche
im speculativen Theismus der neuzeitlichen Philosophie vorliegt.
Die speculative Scholastik hielt sich ihrerseits nur an das Moment der Universalität in der göttlichen Wesenheit, welches
sich in der vom mathematischen Denken beeinflussten Cartesischen Weise zu philosophiren in jenes der Unendlichkeit
umsetzte. Bei Malebranche führt dies zu dem Satze, dass wir
Gott nicht mittelst einer Idee denken, weil es überhaupt keine
Repräsentation des Unendlichen geben kann; Gott ist unmittelbar durch sich selber intelligibel, die Seele erkennt ihn unmittelbar durch ihn selber, was wol auch so viel heissen könnte,
dass in dem Gedanken des Unendlichen, den die Seele hat,
Gott sich selber denkt, bei Malebranche aber nur dies besagen
will, dass Gott der natürliche Ort der Seele ist, daher sie
auch in ihm die ewige unwandelbare Wahrheit schaut. Unter
den ewigen Wahrheiten versteht Malebranche die Beziehungen
zwischen den im Geistdenken appercipirten unendlichen Voll-
kommenheiten, welche letztere das Richtmass für die Erkenntniss
und richtige Schätzung alles Creatürlichen, sowie die Beziehungen
unter ihnen die unwandelbare Regel für die creatürliche Ordnung abgeben. Dies ist nun kaum etwas Anderes, als was wir
oben bei Bonaventura fanden, mit dem einzigen Unterschiede,
dass das von Bonaventura Gesagte in die Terminologie der
mittelalterlichen Scholastik eingekleidet, und auch mit den Anschauungen derselben verwoben ist, während diese für Malebranche ein abgethaner Standpunkt sind. Die allgemeine Bedeutung der Malebranche'schen Ideologie und Metaphysik ist,
dass sie das im Gegensatze zum scholastischen Verstandes-

denken zur Herrschaft gekommene abstracte Vernunftdenken repräsentirt, welches von ihm selbst als ein im Lichte der göttlichen Allvernunft sich bewegendes Denken bezeichnet wird. Bei Bonaventura sind wol zufolge seines Festhaltens an bestimmten Augustinischen Anschauungen, auf welche auch Malebranche sich zurückbezieht, die Keime und Ansätze eines solchen Vernunftdenkens vorhanden; aber einer consequenten Hervorbildung desselben wäre, selbst den lebendigen Trieb dazu vorausgesetzt, die das Mittelalter beherrschende Aristotelische Naturlehre als unbesiegbares Hinderniss im Wege gestanden. Die Erkenntnisslehre Malebranche's hatte einen gegen die objective Wahrheit des sinnlichen Erfahrungsbewusstseins gekehrten Skepticismus und Subjectivismus zu ihrer Voraussetzung, welcher dem Mittelalter fremd war, daher auch kein Bedürfniss empfunden wurde, die geistige Vernunftgewissheit in jener Weise zu stützen, wie es zuerst Cartesius, und nach ihm Malebranche versuchte. Bonaventura macht die sinnlichirdische Erfahrung zum Ausgangspunkte und zur untersten Stufe seines gradweisen Aufsteigens zu Gott; und so tief er sie auch in den stets höheren Aufschwüngen seines dem Göttlichen zustrebenden Denkens unter sich lässt, sie bleibt ihm die nothwendige Unterlage seiner Mystik in jenem Sinne, in welchem nach mittelalterlich-antiker Auffassung die Erde den Unterbau des Himmels und nach kirchlich-theologischer Anschauung die Naturerkenntniss die Unterlage der Gotteserkenntniss, die Erkenntniss der natürlichen Welt und Ordnung die Unterlage der Erkenntniss der übernatürlichen Glaubenswelt abgibt. Der durchgreifende Unterschied zwischen Bonaventura's und Malebranche's Denken bei gemeinsamen Zurückgehen auf die Augustinische Lehre von der im göttlichen Wahrheitslichte sich vollziehenden Vernunfterkenntniss ist darin begründet, dass Bonaventura auf die neuplatonische Ontologie, Malebranche auf die Cartesische Kosmologie sich stützt, so wie es sich denn weiter auch für Malebranche nicht mehr um Vertiefung und Vollendung der natürlichen Erkenntniss im christlichen Glaubensbewusstsein, sondern um Schaffung einer mit dem religiösen Denken coincidirenden Vernunfterkenntniss handelt, die denn doch vornehmlich philosophische Welterkenntniss sein wollte.

Bonaventura sucht seine tiefste Befriedigung in den Er-
hebungen und Anschauungen seines gläubigen Gemüthes. Die
von ihm beschriebenen Wege der Seele im Aufsteigen zu Gott
sind nichts anderes, als eine Einführung des Denkens aus der
natürlichen Erkenntniss in die gläubige, die auf jeder der drei
Hauptstufen des Erkennens: Welt-, Selbst- und Gotteserkenntniss den höheren und vollendeteren Erkenntnissgrad darstellt.
Das Aufsteigen der Seele durch die sechs Grade der Contemplation ist also eine stets tiefere Hineinrückung der Seele in
den Bereich der christlichen Glaubenswelt, ein Fortrücken von
Intuition zu Intuition; gelangt sie auf dem zweiten Contemplationsgrade der ersten Hauptstufe zur Intuition der göttlichen
Ideen, so wird sie auf dem zweiten Contemplationsgrade der
zweiten Hauptstufe in die himmlische Engelwelt eingeführt,
auf dem zweiten Contemplationsgrade der dritten Hauptstufe
zur geistigen Intuition des göttlichen Urternars emporgeführt.
Jede dieser drei Hauptstufen hat aber das natürliche Erkennen
zu ihrer Unterlage, obschon man dasselbe als ein durch das
Licht der christlichen Wahrheit aufgehelltes Erkennen zu fassen
hat. Zu den im Lichte der christlichen Wahrheit erfassten
selbsteigenen Erkenntnissen wollen ohne Zweifel die vielen,
auf allen sechs Contemplationsgraden von Bonaventura aufgewiesenen triadischen Verhältnisse gerechnet sein, in deren
Aufweisung er eine besondere Befriedigung des intellectiven
Seelentriebes, ein Zusammenklingen der menschlichen Ratio
mit der göttlichen Urtrias zu erkennen scheint. Wir möchten
nicht zweifeln, dass die durchaus triadische Gliederung von
Dante's Commedia divina, welche bis auf die Wahl der Terzine
als constant festgehaltener dreizeiliger Strophe herab sich er-
streckt, auf das dem Dichter zweifelsohne wohlbekannte Mentis
Itinerarum Bonaventura's als wenigstens mitanregende Ursache
zurückzuführen sein möchte, wozu auch weiter noch dies stimmt,
dass auch der Dichter ein Iter mentis, nämlich eine Wanderung
durch die drei Kreise der jenseitigen Welt beschreibt, und
dass, wie Bonaventura sich auf jeder der drei von ihm unterschiedenen Hauptstufen seines Weges zu Gott zunächst auf
die natürliche Vernunft stützt, so auch Dante in der von ihm
durchwanderten Glaubenswelt den Virgil zum Führer hat, der
ihn erst in der himmlischen Welt verlässt, da hier Beatrice,

die Wissenschaft der göttlichen Dinge, an die Stelle desselben tritt. Allerdings unterscheidet sich Dante's Gedicht in seiner Anlage von Bonaventura's Itinerarum dadurch, dass es nicht gleich diesem eine stufenweise geistig-ethische Erhebung von der irdischen Daseinswirklichkeit zum letzten und höchsten Strebeziele des Zeitmenschen, sondern vielmehr eine sub specie aeterni gefasste Ueberschau der irdischen Zeitgeschichte der Menschheit, eine Wanderung durch die jenseitigen drei Weltkreise enthält. Indess ist doch auch hierin wieder das Zusammentreffen Dante's mit Bonaventura in der Schilderung des Anlangens der geistigen Wanderung beim Letzten und Höchsten bemerkenswerth; wie Bonaventura langt Dante zuhöchst bei dem höchsten Einen und Dreieinen an, und die Idee des Einen sowol wie jene der Dreieinheit erscheint in gleichem Geiste gefasst und begriffen, der höchste Eine als die absolute, centrale lebendige Mitte der in Gott vollendeten Welt, [1] worin auch bereits die dem Bonaventura zuhöchst in der Idee der göttlichen Dreieinheit sich erklärende Idee des

------

[1]
>   Un punto vidi, che raggiava lume
>   Acuto si, che'l viso ch'egli affuoca
>   Chiuder conviensi per lo forte acume:
>   E quale stella par quinci più poca
>   Parebbe luna, locata con esso
>   Come stella con stella si colloca.
>   (Parad. XXVIII, vv. 16—21).

In einem folgenden Gesange kommt der Dichter noch einmal auf jenen strahlenden Punkt zurück:

>   . . . . . . il Punto che me vinse
>   Parendo inchiuso da quel ch'egli inchiude.
>   (Parad. XXX, vv. 11. 12).

Hiezu nunmehr als Commentator Bonaventura: Esse purissimum et absolutum, quod est simpliciter esse, est primarium et novissimum, ideo est omnium origo et finis consummans. Quia aeternum et praesentissimum, ideo omnes durationes ambit et intrat quasi simul existens earum centrum et circumferentia. Quia simplicissimum et maximum, ideo totum intra omnia et totum extra omnia, ac per hoc est sphaera intelligibilis, cujus centrum est ubique et circumferentia nusquam. Quia actualissimum et immutabilissimum, ideo stabile manens moveri dat universa. Quia perfectissimum et immensum, ideo est intra omnia, non inclusum, extra omnia, non exclusum, supra omnia, non elatum, infra omnia, non prostratum. Itin. ment., c. 5.

höchsten Guten als des summe diffusivum sui enthalten ist,
gleichwie Dante mit Bonaventura ferner auch das Reich der
ewigen Seligkeit als Reich der ewigen Liebe im Genusse des
höchsten Gutes schildert. [1] Fügen wir hinzu, dass sich bei
Dante [2] wie bei Bonaventura an die Anschauung des dreieini-
gen Gottes jene des göttlichen Urbildes der Menschheit in der
Gestalt Christi als Schlussbild anfügt, [3] so kann es keinem
Zweifel unterliegen, dass der Dichter, dessen theologischer
Führer bekanntlich Thomas Aquinas ist, nebenbei mit unverkennbarer Vorliebe durch Bonaventura's schwungvoll gehobene
Schilderungen der Seelenerfahrungen auf den letzten und höchsten Contemplationsstufen sich anregen liess. Dazu stimmt,
dass, wie Bonaventura den Dionysius Areopagita und den heiligen Bernardus als seine Meister auf den Stufen höherer und
höchster Vollendung feiert, [4] so auch bei Dante Dionysius

---

[1]
　　　　　　Con atto e voce di spedito duce
　　　　　　Ricominciò: Noi semo usciti fuore
　　　　　　Del maggior corpo al ciel ch'è pura luce;
　　　　　　Luce intelletual piena d'amore,
　　　　　　Amor di vero ben pien di letizia,
　　　　　　Letizia che trascende ogni dolzore.
　　　　　　　　　　　　(Parad. XXX. vv. 37—42).

[2] Parad. XXXIII, vv. 124—138.

[3] Vgl. als Commentar zu den in vor. Anm. angezeigten Versen Dante's die
Schlussbetrachtung Bonaventura's zu dem für die sechste Contemplations-
stufe angegebenen Erkenntnissinhalte, woselbst es nach Aufzeigung der
Ineinanderverschlingung der kirchlichen Trinitätslehre und Christologie
heisst: In hac autem consideratione est perfectio illuminationis mentis,
dum quasi in sexta die videt hominem factum ad imaginem Dei. Si enim
imago est similitudo expressiva, dum mens nostra contemplatur in Christo
filio Dei (qui est imago Dei invisibilis per naturam) humanitatem no-
stram tam mirabiliter exaltatam, tam ineffabiliter unitam: videndo simul
in unum primum et ultimum, summum et imum, circumferentiam et centrum, α et ω, causatum et causam, creatorem et creaturam, librum scrip-
tum intus et extra, jam pervenit ad quamdam rem perfectam, cum Deo
ad perfectionem suarum illuminationum . . . . . nec aliquid jam amplius
restet, nisi dies requiei, in qua per mentis excessum requiescat humanae
mentis perspicacitas ab omni opere quod patrarat (Itin. ment., c. 6). —
Jeder Leser Dante's merkt, wie sehr diese Schlussbetrachtung Bonaventura's mit den Schlussterzinen des Dante'schen Gedichtes zusammenklingt.

[4] Itin. ment. capp. 4. et 7.

als Enthüller von Geheimnissen gepriesen wird, die ausser
ihm, dem Schüler des Apostels Paulus, jedermann verborgen
waren, [1] während Bernardus in den letzten Gesängen sogar an
die Stelle der Beatrice, die den Dichter bis dahin durch die
Himmel geleitet, als Lehrer tritt. [2] Die Schlussverse der Commedia divina sind eine poetische Wiedergabe der Lehre Bonaventura's von der Vollendung der mit dem Schauen begin-
nenden Seligkeit in der Liebe. [3] Gehen wir von der Vollendung
der Schöpfung in Gott auf den Hervorgang derselben aus Gott
zurück, so finden wir abermals bei Dante [4] eine Anschauungsweise festgehalten, welche sich mit jener Bonaventura's in mehr
als einem Punkte berührt.   Dante lässt aus dreifacher simul-
taner Strahlung die drei ontologisch unterschiedenen Wesenheiten: die reinen Formen, die mit dem Stoffe verbundenen
Formen und die reine Stofflichkeit hervorgehen, [5] und erkennt
die Construction und Vollendung der kosmischen Ordnung
darin, dass die zu oberst locirte reine Actualität und die zu
unterst locirte reine Potenzialität in dem das Oberste und Unterste verbindenden Mittleren, d. i. im Menschenwesen unlöslich
mit einander verknüpft sind. [6] Diess Letztere entspricht nun

---

[1] Parad. XXVIII, vv. 136—139.
[2] Parad. XXXI, vv. 58—63.
[3] Parad. XXXIII, vv. 139—145.
[4] Parad. XXIX, vv. 22—69.
[5]
      Forma e materia congiunte é purette
      Usciro ad atto che non avea fallo,
      Come d'arco tricorde tre saette:
      E come in vetro, in ambra od in cristallo
      Raggio risplende si, che dal venire
      All' esser tutto non è intervallo,
      Cosi 'l triforme effetto dal suo Sire
      Nell' esser suo raggiò insieme tutto
      Senza distinzion nell' esordire.
                      (Parad. XXIX, vv. 22—30).
[6]
      Concreato fu ordine e construtto
      Alle sustanzie, e quelle furon cima
      Nel mondo, in che puro atto fu produtto.
      Pura potenzia tenne la parte ima;
      Nel mezzo strinse potenzia con atto
      Tal vime, che giammai non si divima.
                      (Parad. XXIX, vv. 31—36).

vollkommen einem kosmologischen Hauptsatze Bonaventura's
über die ternare Weltgliederung, deren dreifache ontologische
Abstufung zusammt dem die drei Stufenglieder zur Einheit
eines geschlossenen Ganzen verbindenden Ordnungsverhältniss
die göttliche Weisheit, Macht und Güte als die in der Welt
sich offenbarende dreifache Vollkommenheit des Urseienden
bekunden sollte. [1] Wie nahe es Bonaventura lag, die Simul-
tanität der Hervorbringung dieser drei kosmischen Seinsstufen
zu behaupten, und dass er die ihm persönlich mehr zusagende
Ansicht nur aus Hochhaltung der durch eine überwiegende An-
zahl von Auctoritäten bezeugten herkömmlichen theologischen
Lehrauffassung nicht festhalten wollte, ist oben des Näheren
beleuchtet worden. Nicht minder ist Dante's Lehre über die
höchsten Wesen, über die Engel, weit mehr jener Bonaventura's, als seines sonstigen Führers Thomas nachgebildet. Er
lässt die Engel nicht mit Thomas im Stande der Heiligung
erschaffen werden, sondern durch ihr selbsteigenes Verdienen
ihre Seligkeit und die unterschiedenen Grade derselben er-
langen. [2] Aehnlich lehrt auch Bonaventura, dass die Engel
wahrscheinlich nicht im Stande der Gnade erschaffen wurden, [3]
dass ihr Streben nach Vollendung in Gott von ihrem selbsteigenen Willen ausgegangen und von der Gnade nicht angeregt,
sondern nur unterstützt worden sei, [4] dass alle seligen Geister
wahrscheinlich nur Eine Species von Wesen constituiren, [5] und
die zwischen ihnen bestehenden Rangunterschiede vornehmlich
nur in dem verschiedenen, ihnen zu Theil gewordenen Masse
der Gnade gegründet seien. [6] Dante führt Beschwerde über
die Scholastiker, [7] welche in der Dreitheilung der Seelenvermögen befangen, den in die ewige Anschauung vertieften
Engeln ein Erinnerungsvermögen zutheilen, dessen sie in Gott
Alles schauend nicht bedürfen. Auch Bonaventura spricht nur

---

[1] Sentt. II, dist. 1, art. 1, qu. 2.
[2] Parad. XXVIII, vv. 112. 113; ferner XXIX, vv. 64—66.
[3] Sentt. II, dist. 4, art. 1, qu. 2.
[4] Sentt. II, dist. 5, art. 3, qu. 1.
[5] Sentt. II, dist. 9, qu. 1.
[6] Sentt. II, dist. 9, qu. 2.
[7] Parad. XXIX, vv. 70—81.

von zwei Thätigkeiten der Engel, vom Erkennen und Wollen
derselben, und erwähnt des vom Sinnengedächtnisse unterschiedenen intellectiven Geistgedächtnisses nicht, von welchem
Thomas[1] glaubt, dass man es ihnen mit Augustinus[2] beilegen
könne; Bonaventura kann ferner das Lob beanspruchen, die
Lehre von der Erkenntnissthätigkeit der englischen Wesen so
vereinfacht, als es Dante wünschte, vorgetragen zu haben.
Indess haben weder Dante noch Bonaventura die Augustinische
Lehre von der Memoria als wesentlicher Thätigkeit der gottes-
ebenbildlichen Mens nach ihrer vollen Tiefe gefasst. Dante
würde nicht gesagt haben, dass die Thätigkeit der Memoria in
der ewigen Anschauung hinwegfalle, wenn er sie als geistige
Innerungskraft gefasst hätte; er hätte für diesen Fall sich
sagen müssen, dass sie in der ewigen Anschauung zum höchsten Grade ihrer Thätigkeit gesteigert werde, und das geistige
Hervorstellen des in Gott Geschauten aus der tiefsten Innerlichkeit des Gottschauenden als lebendiger Selbstact desselben
vermittele. Auch Bonaventura irrt im Breviloquium[3] von der
ursprünglich angenommenen Augustinischen Dreiheit (Memoria,
Intellectus, Voluntas) zu der Zweiheit: Erkennen und Wollen,
ab, und weist das Gedächtniss der sensiblen Seele zu, was er
schon darum nicht hätte thun sollen, weil ihm die Seele als
eine affective, also doch gewiss innerungsfähige Wesenheit gilt,
und das denkhafte Innere doch gewiss die edelste und vornehmste Innerungsart der denkfähigen Seele ist, die derselben
auch nach ihrer Trennung vom Leibe verbleiben muss, ja
in der durch diese Trennung bewirkten Abgeschiedenheit der
Seele von den Eindrücken der sichtbaren Wirklichkeit alleinzig
das denkhafte Leben der Seele zu vermitteln hat. Es möchte
wol der Hinblick auf jene Hinwendung Bonaventura's von der
ursprünglichen Dreitheilung zur Zweitheilung der höheren Seelenvermögen gewesen sein, welcher dem Dichter die gegen eine
Memoria der gottschauenden Himmelsgeister gerichtete Terzine eingab.[4] Wenn er in derselben weiter sagt, dass es für

---

[1] 1 qu. 54, art. 5.
[2] Trin. X, 11.
[3] Breviloq. II, c. 12.
[4]   Queste sustanzie poichè fur gioconde
         Della faccia di Dio, non volser viso

die gottschauenden Engel nichts Neues geben könne, so ist damit nur das denknothwendige Correlat der andern Behauptung, die ihnen das Gedächtniss abspricht, ausgesprochen, und erklärt, dass ihr Leben in die ewige Gegenwart des göttlichen Seins gerückt ist. Indess zeigt sich auch hier wieder Augustinus als der tiefer Greifende, wenn er Gott als die in ihrer Ewigkeit uralte und für das creatürliche Anschauen doch ewig neue Schönheit bezeichnet, deren Anschauen in einer unendlichen Reihe von ewigen Tagen des seligen Lebens sich nicht erschöpfen lässt, sondern in jedem dieser Tage d. h. in jedem Erkenntnissacte des gottschauenden Geistes auf's Neue und in neuer Weise aus den Tiefen desselben, d. h. aus der Memoria hervorgebracht wird. Dass bei Bonaventura eine derartige Anschauung vom Erkennen der seligen Geister sich nicht durchrang, haben wir schon oben bemerklich gemacht und aus seinen Gründen erklärt; und so wissen wir nicht, ob wir ihn nicht auch für die nicht ganz erschöpfende Darlegung, die Dante vom Erkennen der seligen Geister gibt, einigermassen verantwortlich machen sollen.

An Bonaventura's Engellehre lässt sich schliesslich noch seine Lehre von den Universalien anfügen, welche von jener ihren Ausgang nimmt. In den Engeln, die den obersten Weltbereich bilden, thut sich zufolge ihrer substanziellen Mehrheit zuerst der Bereich der kosmischen Vielheit auf, durch welche indess ihre specifische Einheit nicht aufgehoben wird. Bonaventura verwirft ausdrücklich den (von Thomas gelehrten) Satz, dass in der Engelwelt eben so viele Species als Individua seien. Die Arteinheit muss auch noch in Bezug auf die Menschenseelen aufrecht erhalten werden, obwol ihr Eingesenktsein in die sinnliche Leiblichkeit für den Menschen als solchen das Hineingezogenwerden desselben in die durch das Auseinandertreten von Genus und Species bedingten Variationen und Diversitäten der Sinnendinge involvirt. Das Auseinandertreten

---

Da esse da cui nulla si nasconde:
Però non hanno vedere interciso
Da nuovo objetto, e però non bisogna
Rimemorar per concetto diviso.

(Parad. XXIX vv. 76—81.)

von Genus und Species beginnt in der Körperwelt mit dem
Unterschiede zwischen den incorruptiblen Himmelskörpern und
den corruptiblen terrestrischen Körpern; das Genus des Körperlichen fasst sonach grundhaft zwei verschiedene Species in sich.
Im Bereiche der generablen und corruptiblen Körperlichkeit
vervielfältigen sich die Art- und Gattungsdifferenzen; die aus-
gebreitetste Mannigfaltigkeit und Verschiedenheit muss demzufolge in den untersten Graden der singulären Existenzen gegeben sein. Diese stehen aber unmittelbar auf dem Grunde der
Elementarwelt, die sich als ein Mittleres zwischen die Himmelskörper und die terrestrischen Körper einschiebt, gleichwie
der Mensch als Mittleres zwischen die Engelwelt und die rein
sinnliche Körper- und Lebewelt tritt. So wäre also die terrestrische Art- und Gattungsvielheit in doppelter Weise auf eine
himmlische Arteinheit zurückbezogen — auf eine körperliche
himmlische Arteinheit mittelst der kosmischen Elementarkörper,
auf eine geistige mittelst der in Erdenleiber eingesenkten Menschenseelen. Diese Zurückbeziehung ist aber natürlich nicht
das die letzte und höchste, die eben nur in dem Zurückgehen auf
absolut Eine als höchste Seins- und Zweckursache der geschöpflichen Vielheit sich vollzieht. Die Vielheit der Dinge hat ihren
Grund in der Materialität derselben, nicht so, als ob die Materie als solche das Princip der Individuation wäre, was Bonaventura ausdrücklich verwirft, [1] sondern sofern ihre Gestaltung
nothwendig zur Plurification der Dinge ausser Gott führt. Denn
die Gestaltung der Materie bewirkt ein esse hoc aliquid oder
Individuum, das als solches ein Eines unter Vielen ist; das
Viele aber ist durch den Begriff der Materie als des vielfältigst
Bestimmbaren involvirt. Hier ist freilich zu fragen, ob der
von Bonaventura adoptirte peripatetische Begriff der Materie
als des ens mere in potentia in seinen Denkzusammenhang
passt. Denn die im peripatetischen Sinne verstandene Materie
ist als die Unterlage der aus ihr gebildeten Körperwelt das
Unterste in der Reihe des Geschaffenen, das in einer Reihe
von auf einander folgenden Determinationen bis zu dem Grade
durchgebildet wird, der sich im körperlichen Menschengebilde,
der obersten und vollkommensten aller Formationen des Stoff-

---

[1] Sentt. II, dist. 3, ps. 1, art. 2, qu. 3.

lichen darstellt. Die Materie Bonaventura's aber, aus der alles
Geschaffene ohne Ausnahme, somit auch die Engel und Menschenseelen gebildet werden sollen, verlangt den umgekehrten,
abwärts steigenden Process fortschreitender Determination,
und bietet in ihren ersten Determinationen, durch welche der
Begriff, zuerst des begränzten Seins, ferner des quantitativ bestimmten oder körperlichen Seins gewonnen wird, keinen Grund
für die Erklärung der Vielheit der unkörperlichen geschöpflichen Wesen dar. Die Vielheit derselben wird nicht deducirt,
sondern vorausgesetzt, und aus anderweitigen Gründen festste-
hend angenommen; der eigentliche Grund kann für Bonaventura wol kein anderer sein als dieser, dass mit dem Heraustritte
des Seins aus der absoluten göttlichen Einheit die unbegränzte
numerische Vielheit desselben beginnt, die zunächst in der
Engelwelt, weiter aber in der Gesammtschöpfung sich darstellt,
und ihren Anfangs- und Endpunkt in Gott hat. Jegliches
Einzelne in der geschöpflichen Vielheit der Dinge denkt sich
nun weiter Bonaventura durch seine dreifache Beziehung auf
Gott als causa efficiens, exemplaris und finalis nach Modus,
Species und Ordo bestimmt. [1]   Da nun die specifische Diver-
sität erst im Bereiche der terrestrischen Körperlichkeit beginnt,
so fällt der Hauptnachdruck im metaphysisch-kosmologischen
Denken Bonaventura's selbstverständlich auf den Modus und
Ordo der Dinge oder auf deren Bestimmtheit zu Gott als Wir-
kungs- und Zweckursache, woraus sich weiter seine Bezeichnung der allbestimmenden und allordnenden göttlichen Vernunft
als ars aeterna erklärt.

      Dem Gesagten zufolge darf es nicht Wunder nehmen,
dass die Universalienfrage bei Bonaventura keine eingehende
Untersuchung erfährt. Er selber bemerkt, dass der Ontolog
und der Kosmolog entgegengesetzte Stellungen zum Begriffe
des Universale nehmen, und beleuchtet dies an der beiderseitigen Entscheidung der Frage, ob die der irdischen Materie
eingeschaffene ratio seminalis als Universale zu gelten habe
oder nicht; [2] der Ontolog verneint, der Kosmolog oder Philo-
sophus Naturalis bejaht diese Frage. Der Theolog würdiget

---

[1] Sentt. II, dist. 35, art. 2.
[2] Sentt. II, dist. 18, art. 1, qu. 3.

die Dinge nach dem Grade ihrer Verähnlichung mit Gott, und entscheidet demzufolge, dass in Hinsicht auf die Einfachheit und Incorruptibilität das Generellere oder im logischen Sinne Allgemeinere, in Hinsicht auf die Actualität aber das Determinirtere und darum minder Allgemeine Gott ähnlicher sei. Wir entnehmen aus diesem Ausspruche Bonaventura's, dass er sich über den Widerstreit des von ihm aus wahlverwandtschaftlicher Neigung umfassten Neuplatonismus mit dem in die Theologie der Schule aufgenommenen Aristotelismus nicht klar zu werden vermochte. Erinnern wir uns an den von Bonaventura betonten Unterschied zwischen den gottesbildlichen geistigen Wesenheiten und der bloss die Spuren der Gottheit verrathenden sichtbaren Wirklichkeit, so sollten wir mit Zuversicht erwarten, dass ihm in den geistigen Wesenheiten die Actualität mit der Universalität zusammenfalle. Aber freilich steht seine Ansicht von der Materialität alles Geschaffenen der Anerkennung einer wahrhaften Universalität der geistigen Naturen hindernd im Wege. Es erklärt sich sonach, wie es kommt, dass er das Universale, soweit es nicht mit Gott zusammenfällt, bloss unter dem Charakter der logischen Allgemeinheit zu fassen weiss; die Idee des Allgemeinen als eines in sich geschlossenen Totum kennt und anerkennt er nur insoweit, als sie ihm in Gott objectiv real gegenübersteht. Daher dann weiter auch die so überwiegende Betonung der Vermittelung aller Wahrheitserkenntniss durch das göttliche Wahrheitslicht; da er von keinem Erkennen der Dinge aus den selbstgedachten Ideen derselben weiss, so muss er alles wirkliche selbsteigene Erkennen der Seele ausschliesslich als ein in Gott errungenes auffassen, und den selbsteigenen Antheil der Seele am Zustandekommen desselben auf formale Denkfunctionen beschränken. [1] Er spricht wol auch von angebornen Ideen der Seele; er versteht aber darunter nichts anders, als gewisse apriorische Grund-

---

[1] Operatio virtutis intellectivae est in perceptione intellectus terminorum, propositionum et illationum. Capit autem intellectus terminorum significata, cum comprehendit, quid est unum quodque per diffinitionem. Sed diffinitio habet fieri per superiora, et illa per superiora diffiniri debent, usquequo veniatur ad superna et generalissima, quibus ignoratis non possunt intelligi diffinirive inferiora. Nisi ergo cognoscatur, quid est ens per se, non potest plane sciri diffinitio alicujus substantiae. Itin ment., c. 3.

anschauungen des mathematischen Denkens, oberste Axiome eines widerspruchlosen logischen Denkens,[1] und oberste formale Regeln des sittlichen Denkens, welche dem angebornen Sinne für Gut und Böse, Recht und Unrecht Zeugniss geben.[2] Man wird also nicht irre gehen, wenn man seine Denkanschauungen als jene eines psychischen Sensismus bezeichnet. Er bekundet sich hierin als einen Geistesverwandten des Hugo von St. Victor, mit dem er auch dies gemein hat, dass er den Functionen des speculativen Denkens die Ermittelung von harmonischen Proportionsverhältnissen substituirt. Ein derartiges Denkverfahren legt sich gewissermassen auch von selber nahe, wo es sich darum handelt, das mit dem Verhältniss des Höheren zum Niederen combinirte Verhältniss des Einen zum Vielen zu vermitteln. Es wollen da die proportionalen Mittelglieder zwischen dem Obersten und Untersten, dem in höchster Einheit Geeinten und dem in die unermessliche Vielheit auseinander Gegangenen gefunden werden. Das zwischen der absoluten göttlichen Einheit und der kosmischen Vielheit Vermittelnde sind für Bonaventura die göttlichen Ideen, die unter sich und mit der göttlichen Wesenheit real Eins doch zugleich die Wirkungsursachen der kosmischen Vielheit sind; das Vermittelnde zwischen dem Obersten und Untersten in der Schöpfung ist der Mensch, in welchem das Reich der himmlischen, leiblosen Geistwesen mit der terrestrischen Materialität vermittelt werden soll. Bonaventura reproducirt in der Darlegung der kosmischen

---

[1] Retinet (memoria) etiam simplicia sicut principia quantitatum continuarum et discretarum, ut punctum, instans et unitatem, sine quibus impossibile est meminisse aut cogitare ea, quae principantur per haec; retinet nihilominus scientiarum dignitates et principia ut sempiternalia et sempiternaliter, quia nunquam potest sic oblivisci eorum, dummodo ratione utatur, quin ea audita approbet et eis assentiat, non tanquam de novo percipiat sed tanquam sibi innata et familiaria percipiat. Itin. ment., c. 3.

[2] Species innata potest esse dupliciter: aut similitudo tantum ut species lapidis, aut ita similitudo, quod etiam veritas quaedam in se ipsa. Prima species est sicut pictura, et ab hac creata est anima nuda. Secunda species est impressio aliqua summae veritatis in anima, sicut v. g. animae a conditione sua datum est lumen quoddam directivum et quaedam directio naturalis ; data est etiam ei affectio voluntatis. Cognosit ergo anima, quid sit rectitudo et quid affectio, et ita quid rectitudo affectionis. Sentt. I, dist. 17, ps. 1, qu. 4.

Mittelstellung des Menschen [1] ganz die Gedanken, die wir an
einem andern Orte [2] früher schon bei Hugo von St. Victor
kennen gelernt haben. Die Einigung des Höchsten in der
Schöpfung mit dem Niedersten in derselben muss durch wechsel-
seitige Annäherung und Appropriation beider Gegensätze be-
werkstelliget werden; die terrestrische Materialität muss durch
ihre organische Durchbildung zur Reception der rationalen Seele,
diese durch Ausrüstung mit den Vermögen der Belebung, Ve-
getation und Sensification zur Verbindung mit dem organisirten Stoffgebilde geeignet gemacht werden. Die solcher Art
angebahnte Einigung wird nun thatsächlich dadurch vermittelt,
dass zwischen die mit den genannten drei Vermögen ausgerüstete
rationale Seele und den organisirten Stoff die drei Geister:
Spiritus vitalis, naturalis und animalis vermittelnd eintreten.
Das durch die ebenmässige Durchbildung des Stoffes ermöglichte Wirken der Belebungskraft der Seele wird vermittelt
durch den Spiritus vitalis; das durch die organische Gliederung
und Durchbildung der Organisation ermöglichte Wirken der
Vegetations- und Sensificationskraft der Seele wird durch den
Spiritus naturalis und animalis vermittelt. Die durchgebildete
Organisation des menschlichen Körpers als sinnlichen Wahr-
nehmungsorganes der Seele ist vollkommen der kosmischen
Location der Menschenseele angemessen; die menschliche Seele
bedarf im Unterschiede vom Engel, dem die Ideen der Dinge
eingeschaffen sind, als tabula nuda eines sinnlichen Leibes als
Mediums und Vehikels der Erlangung jener Erkenntnisse, zu
welchen sie eben nur auf dem Wege der sinnlich-irdischen
Erfahrung gelangen kann; und auf diese Erfahrung ist ihr
ganzes zeitliches Erkenntnissleben gegründet. Umgekehrt aber
ist die sinnlich-irdische Stofflichkeit in dem durch die menschliche Seele belebten Leibe zu jener Vollkommenheitsstufe emporgehoben, dass sie in ihm zur Theilnahme am seligen Leben
befähigt ist. So wird also dem Untersten, dem Stoffe, durch
seine Appropriation für das geistig-sittliche Leben der Seele
die Beziehung auf das letzte Ziel alles Geschaffen, auf das
Seligsein in Gott vermittelt. Seele und Leib des Menschen

---

[1] Vgl. Sentt. II, dist. 1, art. 1, qu. 2.
[2] Siehe Denkschriften d. Akad. Bd. XXV., S. 108.

sind die mittleren Proportionsglieder zwischen Engel und sinn-
licher Stofflichkeit, der Mensch selber aber gewissermassen
die mittlere Proportionale der Gesammtschöpfung, und jenes
Mittlere, durch welches das Niederste und Unterste in der
Schöpfung auf das letzte und höchste Ziel derselben, auf das
Seligsein in Gott zurückbezogen wird. Aut omnis intentio
naturae corporalis solvitur — sagt Bonaventura — aut necesse
est pervenire mediante anima rationali ad ultimum finem.